Hugo Kastner

Die Fundgrube
für Spiele
in der Sekundarstufe I

Hugo Kastner

Die Fundgrube für Spiele
in der Sekundarstufe I

 http://www.cornelsen.de

Gedruckt auf chlorfrei gebleichtem Papier
ohne Dioxinbelastung der Gewässer.

Die Deutsche Bibliothek - CIP-Einheitsaufnahme

Kastner, Hugo:
Die Fundgrube für Spiele : in der Sekundarstufe I / Hugo Kastner. - Berlin :
Cornelsen Scriptor, 2002
ISBN 3-589-21651-4

Dieses Werk berücksichtigt die Regeln der reformierten Rechtschreibung und Zeichensetzung.

5.	4.	3.	2.	1.	Die letzten Ziffern bezeichnen
06	05	04	03	2002	Zahl und Jahr der Auflage.

Redaktion: Gabriele Teubner-Nicolai, Berlin
Layout: Beate Schubert, Berlin
Reihenlayout: Julia Walch, Bad Soden
Zeichnungen: Ela Woźniewska, Berlin
Umschlaggestaltung: Bauer + Möhring, Berlin unter Verwendung einer Zeichnung von Klaus
Puth, Mühlheim
Druck und Bindearbeiten: Clausen & Bosse, Leck
Printed in Germany
ISBN 3-589-21651-4
Bestellnummer 216514

Inhalt

Vorwort

Die Vielfalt der Spielformen, die mit einfachsten Mitteln in jedem Klassenzimmer möglich ist, wird auch den erfahrenen Brett- und Kartenspieler überraschen. Ob Wortspiele, Denksport, Bewertungs- oder Ratespiele, Merkspiele, Rätselaufgaben, Würfelspiele, Quizstunden oder psychologische Auseinandersetzungen, alles ist mit wenigen Grundutensilien möglich. Sie benötigen für die in diesem Buch beschriebenen Spiele nicht mehr als Papier und Bleistift, eine Sand- oder Stoppuhr, Münzen und Spielmarken, Spielkarten sowie Spielpläne und Fragekärtchen aus diesem Buch. Ganz entscheidend für ein Gelingen spannungsgeladener und lehrreicher Stunden ist das Einbinden aller Schülerinnen und Schüler, das Ausnutzen des kreativen Potenzials einer Klasse und die Freude am Miteinander. Und diesem Grundsatz entsprechend sind die Spiele dieser Sammlung für Gruppengrößen bis zu mehr als 30 konzipiert. Der Lerneffekt, den Sie mit den Spielen erzielen, dürfte Sie überzeugen. Motivation war beim Unterrichten noch immer der Schlüssel zum Erfolg, und diese Motivation ist mit den vorliegenden Spielen garantiert.

Ich habe in diesem Buch versucht, die interessantesten Spiele aus einer Unzahl von Ideen herauszufiltern, neue Formen zu entwickeln und Ihnen diese langjährig erprobten „classroom activities" in optimaler Form für Ihren Unterricht zu präsentieren. Dabei habe ich vier Grundprinzipien im Auge: (1) *Für alle Altersstufen geeignet*, (2) *für beliebige Gruppengrößen*, (3) *ohne Vorbereitung spielbar*, und (4) *fächerübergreifend einsetzbar*. Spiele sollten nicht nur eine Randaktivität im Klassenzimmer sein, sondern zu einer gemeinsamen Beschäftigung führen, zu einer Auseinandersetzung mit Mitschülern und Freunden, abseits vom isolierenden Dasein am Computer.

Der Ursprung vieler Spielformen liegt wahrscheinlich weit mehr als 200 Jahre zurück. Schon zu Zeiten, in denen außer festgetretener Erde, einigen Kieseln und einem Ast als Griffel nichts zur Verfügung stand, wurde bei praktisch allen Völkern gespielt. Noch heute wird in der Dritten Welt mit den oben genannten „Rohmaterialien" gearbeitet, einfach aus ökonomischer Notwendigkeit heraus. Und bisweilen dringt die eine oder andere Idee bis zu uns nach Europa vor. Ganz wenige dieser ursprünglichen Spiele sind heute noch mit ihrem Regelwerk überliefert. Doch werden viele Leser wahrscheinlich mit Staunen feststellen, daß einige Brettspiele Ihrer privaten Sammlung ihren Ursprung in Papier- und Bleistiftspielen haben, dass oft alte Prinzipien nur in eine neue Form gegossen wurden, eingebaut in „moderne" Brettspiele, in leider oft nur allzu teure Plagiate, die manchmal traurig im Spielschrank verkümmern.

Um Ihnen eine bessere Orientierung zu ermöglichen, ist dieses Buch in mehrere Abschnitte unterteilt, in denen einzelne Spielefamilien vorgestellt werden, das heißt Spiele, die einen ähnlichen Grundcharakter haben. Folgende Familien haben sich herauskristallisiert: Bewertungsspiele, Denkspiele, Merkspiele, Psychologische Spiele, Quiz, Ratespiele, Rätsel, Wortspiele und Würfelspiele. Manche Spiele stellen eine Kombination aus mehreren Gruppen dar, werden aber aus praktischen Gründen einer der Familien zugeordnet. Jede Familie wird in ihrer Charakteristik beschrieben und als Einleitung den verschiedenen Vertretern vorangestellt. Dadurch können Sie sich leicht einen Überblick verschaffen, was Sie jeweils erwarten dürfen. Ein Literaturverzeichnis und ein Register runden das Buch ab.

Mit der ersten Präsentation eines Spiels wird neben der Familie, der es angehört, auch die Spielerzahl, Altersstufe, Gruppenzusammensetzung, Spieldauer, der Schwierigkeitsgrad (insgesamt 10 Punkte, aufgeteilt auf Glück-Können/Einfühlungsvermögen), wo bekannt der Autor und die Entstehungszeit, der englische Name (da sehr viele Ideen aus dem angelsächsischen Bereich kommen), der Unterrichtsgegenstand, in dem ein optimaler Einsatz möglich ist und zuletzt das notwendige Spielmaterial vorgestellt. Den Hauptteil bilden eine ausführliche Spielregel, erläuternde Bemerkungen, taktische Hinweise, illustrative Beispiele und Spielpläne. Wo notwendig, wird auch ein ausführlicher Katalog mit Themen und Fragen angeboten. Bei manchen Spielen habe ich auch faszinierende Varianten angeführt. Hier wird Ihr persönlicher Geschmack entscheiden, ob Sie die eine oder andere Spielweise bevorzugen. Die Hauptvariante ist aber immer die Spielform, die sich in meinen Klassen bewährt hat.

Einen Ratschlag möchte ich mir an dieser Stelle erlauben. Weisen Sie Ihre Schüler immer wieder darauf hin, dass bei allem Ehrgeiz nicht der Zwang zu gewinnen im Vordergrund stehen soll, sondern das miteinander Spielen. Gerade bei der Familie der Wortspiele ist eine gewisse Großzügigkeit in der Auslegung der Regeln unbedingte Voraussetzung für entspannte und anregende Stunden. Wer einmal bei einer Partie *Scrabble* den Ernstfall kennen gelernt hat, wo minutenlang über die Akzeptanz des einen oder anderen Wortes diskutiert wurde, und darüber der Spielfluss völlig ins Stocken gerät, weiß, was ich meine.

Besonderen Dank sage ich allen meinen Schülerinnen und Schülern, die mit mir zusammen diese Spiele in vielen Jahren erprobt und die für die Klasse optimale Spielform herausgearbeitet haben. Ohne die praktischen Tipps und Anmerkungen durch meine Schüler hätte ich dieses Buch nicht schreiben können. Dank auch an meine EDV-Kollegen, die mir mit ihrem Wissen bei der Realisierung dieses Projekts weitergeholfen haben. Als Autor dieses Buches brauche ich daher nicht zu betonen, dass ich für jeden, auch kleinen Hinweis, der den Spielfluss verbessert oder eine reizvolle Alternative darstellt, sehr dankbar bin. Meine E-Mail-Adresse: hugo.kastner@chello.at

Bewertungsspiele

Diese Familie fällt ein wenig aus dem Rahmen dieses Buches, da die hier präsentierten Spiele TOP 10 und GALERIE eher amüsanter Beschäftigung dienen als dem Wettbewerb. Es kommt daher weniger darauf an, die Gegner zu schlagen, als vielmehr gemeinsam ein bestimmtes Spielziel anzustreben. Genau hier liegt auch der enorme Lerneffekt von Top 10, sind doch die Schüler und Schülerinnen gezwungen, die Meinungen der Mitspielenden zu akzeptieren und auf ein gemeinsames Ziel hinzuarbeiten. Gerade in den Neunzigerjahren ist die Beschäftigung mit „Listen" sehr populär geworden, wie die drei Wallechinsky/Wallace-Bände „Book of Lists" sowie das Krämer/Schmidt-Werk „Das Buch der Listen" beweisen. Ich habe versucht, den simplen Grundgedanken in eine für den Unterricht adäquate Form umzusetzen.

In ähnlicher Weise nutzt GALERIE die ästhetischen Sinne der Jugend zu einer reizvollen und beschaulichen Kunstbetrachtung.

TOP 10

Spielerzahl: 1 bis 30+
Gruppenzusammensetzung: altersmäßig homogen
Alter: ab 10
Dauer: ab 10 Minuten
Glück/Können: (insgesamt 10 Punkte) – keine Wertung
Entstehungszeit: 1990
Autor: Hugo Kastner
Unterrichtsgegenstand: Alle Fächer
Material: Themenkatalog (5 Serien zu je 10 Hauptthemen), Memoblatt,
eventuell ein Lexikon oder eine Enzyklopädie

The Game of Lists

Mit TOP 10 liegt ein Spiel vor, das auf wunderbare Weise die Neugier des
Kindes mit dem Wunsch nach einer statistischen Reihung verbindet. Vielleicht haben die zahlreichen Rekordlisten, besonders zu den Themen
Sport und Musik, die in praktisch allen Tageszeitungen und Magazinen
abgedruckt werden, in den letzten Jahren zu einer Verstärkung dieser
Beschäftigung geführt. Wie dem auch sei, bei diesem Spiel darf zu unterschiedlichsten Themen eine ganz persönliche Wertung vorgenommen
werden, die dann in die Erstellung einer gemeinsamen Liste mündet.
Nicht das Ergebnis an sich, sondern der Weg dahin hat meine Schülerinnen und Schüler immer wieder nach diesem Spiel fragen lassen. Wer ver-
gleicht nicht gerne seinen persönlichen Geschmack mit dem seiner Mitmenschen? Und meist wird die Bestätigung der individuellen Einschätzung zu einem Thema durch die Gruppe mit viel Spannung erwartet. Sie
müssen nur für Ihre Schüler die richtigen Themen finden.

Spielziel

Die gesamte Gruppe muss sich auf eine einheitliche Bewertungsliste zu
einem bestimmten Thema einigen.

Spielablauf

Zunächst wird zum gewählten Thema ein Pool mit Vorschlägen erstellt. Dies
ist gleichzeitig die schwierigste Phase dieses Spiels, da sowohl Gruppengröße als auch Thema entscheidend sind.

Pool

Um eine Reihung vornehmen zu können, müssen zunächst mindestens 10, optimal aber zwischen 12 und 16 Vorschläge zu einem Thema gesammelt werden. Werden mehr Vorschläge gemacht, wird eine Zwischenrunde eingeschaltet. Dabei haben sich folgende Spielphasen herauskristallisiert:

- *Notizphase:* Zunächst schreibt jeder Schüler zum festgelegten Thema spontan 3 bis 6 Vorschläge auf sein Notizblatt. Diese sollen noch nicht gereiht sein.

- *Poolphase:* Reihum wird von jedem Schüler ein Vorschlag vorgelesen und auf der Tafel festgehalten, wobei keine wiederholten Nennungen erlaubt sind. Jeder Schüler hat dadurch die Möglichkeit, mindestens einen persönlichen Vorschlag einzubringen. Sollten nach einem Durchgang weniger als 12 Vorschläge in der Tafelliste aufscheinen, folgt sofort ein zweiter Durchgang, eventuell ein dritter, vierter etc.

- *Zwischenphase:* Diese Phase ist dann notwendig, wenn mehr als 16 Vorschläge auf der Tafel stehen. Nun wird vom Spielleiter einzeln abgefragt, wie oft jeder Vorschlag in der spontanen Liste (Notizblatt) aufscheint. Nur die 12 bis 16 häufigsten Nennungen bilden den Pool.

- *Wertungsphase:* Jeder Schüler wählt aus dem auf 12 bis 16 Eintragungen reduzierten Pool (d.h. der Tafelliste) 3 Vorschläge aus und reiht diese nach Plätzen. Platz 1 = 3 Punkte, Platz 2 = 2 Punkte und Platz 3 = 1 Punkt.

- *Listenphase:* Nun fragt der Spielleiter die einzelnen Vorschläge ab und verteilt Punkte, entsprechend den Plätzen. Bei Gleichstand entscheidet über die Reihung die Zahl der 1. Plätze. Sind auch diese gleich, die Zahl der 2. Plätze.

Beispiel:
Zum Thema beliebte Mädchennamen wird unter anderem „Anna" vorgeschlagen.
Die Frage für die Listenphase lautet: Wer hat Anna auf dem 1. Platz?
Es melden sich 3 Schüler, daher 9 Punkte. Wer hat Anna auf dem 2. Platz.
Wieder 3 Schüler, folglich 6 Punkte. Und wer hat Anna auf dem 3. Platz.
1 Schüler, daher 1 Punkt. Insgesamt: 9+6+1=16 Punkte.

- *Memophase:* Die endgültige Top 10-Reihung wird auf dem Memoblatt mit den erhaltenen Punkten festgehalten. Um die Veränderungen in der Einschätzung im Laufe der Zeit zu überprüfen, empfiehlt es sich, auch das Datum aufzuschreiben. In der Notizspalte haben eigene Einschätzungen, Abweichungen (siehe Varianten) und dergleichen Platz.

Bemerkungen

TOP 10 ist für Kinder und Erwachsene gleich amüsant. Dennoch sind gemischte Spielrunden nicht zu empfehlen, da Reihungen sehr altersabhängig sind. Zu stark ändert sich im Laufe der Zeit der Geschmack. Ebenfalls zu bedenken ist, dass bei manchen Themen den Schülern wenig unterschiedliche Vorschläge einfallen. Eventuell sollte daher bei Top 10 mit Lexika oder Enzyklopädien gearbeitet werden. Auch eine Einbindung des Internet ist absolut vorstellbar. Themen, die mit dem Vermerk „spezial" in der unten stehenden Liste aufscheinen, sind nur bedingt für Schulklassen geeignet. Hier kommt es immer darauf an, ob im Unterricht vorbereitende Arbeitseinheiten stattgefunden haben.

Taktische Hinweise

Sind bei TOP 10 nicht notwendig.

Varianten

TIPP TOP 10: Sie als Lehrer, oder einer Ihrer Schüler, erstellen aus dem Pool vorweg eine Top 10-Liste. Danach werden die Wertungs- und die Listenphase gespielt und dann verglichen, um wie viele Plätze Ihre Einschätzung von der endgültigen Reihung abweicht. Die Abweichungen werden am Spielplan in die Notizspalte eingetragen.

> *Beispiel:*
> *Platz 1 – Platz 10 = Abweichung 9*
> *Platz 6 – Platz 4 = Abweichung 2*
> *Platz 3 – nicht unter den Top 10, entspricht Platz 11 = Abweichung 8*

Je niedriger der Wert, desto besser die Einschätzung. Jedenfalls ist jedes Ergebnis unter 20 Punkten ausgezeichnet.

Vielleicht schreiben Sie nun bald selbst ein Book of Lists.

Themenkatalog

Wichtiger als bei jedem anderen Spiel in diesem Buch ist es, dass bei TOP 10 die Themen genau auf die Altersstufe abgestimmt werden. Daher steht in Klammer eine ungefähre Altersangabe. Manche Themen sind überhaupt nur für speziell vorgebildete Gruppen möglich. Bei anderen ist die Zuhilfenahme von Atlanten oder eines Lexikons zu empfehlen.

Geografie & Geschichte
1. Städte: liebstes Reiseziel, Welt, Europa, USA, ... (ab 12)
2. Lieblingsplätze in deiner Heimatstadt: Wien, Berlin, Bern, ... (ab 12)
3. Flaggen: mit/ohne Emblem, alle, Europa, ... (ab 12)
4. Ursprung der Ländernamen (spezial)
5. Bedeutende Momente in der Geschichte (ab 16)
6. Wichtige Augenblicke des 20. Jahrhunderts (ab 16)
7. Menschen, die die Welt veränderten (ab 14)
8. Beliebtestes Urlaubsland (ab 10)
9. Epochen, in die du mit einer Zeitmaschine zurückversetzt werden möchtest (ab 12)
10. Sehenswürdigkeiten: beliebteste, bedeutendste, ... (ab 12)

Kunst, Kultur & Musik
1. Maler (ab 16)
2. Newspapers & News magazines (ab 16)
3. Favourite Shakespeare Plays (ab 16)
4. Tänze (ab 16)
5. Schlager: Deutsche, Beatles, ... (spezial)
6. Volkslieder (spezial)
7. Fabelwesen (ab 14)
8. Romane: deutsche, englische, ... (ab 16)
9. Deutsche Heldensagen (spezial)
10. Götter: Griechische, römische, ... (ab 12)

Film & Medien
1. Filmschauspieler: Männliche, weibliche, sympathische, verstorbene, ... (ab 14)
2. Filmszenen: Highlights (ab 16)
3. Oscarfilme (ab 16)

4. Film-Comedies (spezial)
5. Western movies (spezial)
6. Hitchcock-Filme (spezial)
7. Disney-Trickfilme (ab 10)
8. Asterixalben (spezial)
9. Comics Charaktere (ab 10)
10. Filmregisseure (ab 16)

Sport & Spiel

1. Sportler: österreichische, deutsche, amerikanische, Skirennläufer, Leichtathleten, beste, beliebteste, ... (ab 10)
2. Olympische Sommersportarten, Wintersportarten, ... (ab 12)
3. Fußballteams: beliebte, beste, britische, deutsche, ... (ab 10)
4. Fußball WM-Teilnehmer: beste, sympathische, ... (ab 10)
5. Highlights der Sportgeschichte (spezial)
6. Spiel des Jahres (Essen) (spezial)
7. Games of the World (ab 12)
8. Lieblings TV-Sportarten (ab 10)
9. Spiele für zwei (ab 16)
10. Mannschaftssportarten (ab 12)

Verschiedenes

1. Interessante Berufe (ab 10)
2. Automarken (ab 10)
3. Namen: Mädchen, Jungen, angelsächsische, Familien, ... (ab 10)
4. Getränke: Alkoholische, alkoholfreie, ... (ab 12)
5. Sachbücher (spezial)
6. Hauptspeisen (ab 10)
7. Bäume (ab 10)
8. Blumen (ab 10)
9. Geschenk, das du bekommen möchtest (ab 10)
10. Sache, vor der du besonders Angst hast (ab 10)

TOP 10 Memoblatt

Thema		Datum	Notizen
1			
2			
3			
4			
5			
6			
7			
8			
9			
10			

Thema		Datum	Notizen
1			
2			
3			
4			
5			
6			
7			
8			
9			
10			

GALERIE

Spielerzahl: 3 bis 30+
Gruppenzusammensetzung: beliebige Altersstufen
Alter: ab 10
Dauer: ab 10 Minuten
Glück/Können: (insgesamt 10 Punkte) – keine Wertung
Entstehungszeit: 2000
Autor: Hugo Kastner
Unterrichtsgegenstand: Kunstfächer
Material: 11 x 11 Platzierungskärtchen (etwa Karteikarten mit den Nummern 1 bis 10 sowie eine Out-Karte oder Spielkarten)

Künstlerisches Auge gefragt

Wie schon bei TOP 10 ist auch bei GALERIE ein Zusammenspiel aller Beteiligten nötig. Statt eine statistische Reihung vorzunehmen, wird hier ganz direkt und visuell bewertet. Galerie eignet sich daher besonders für alle künstlerischen Aspekte des Unterrichts, ist es doch eine ganz raffinierte Art der Bildbetrachtung. Die Schüler werden angeregt, ein Urteil über eine bildliche Darstellung vorzunehmen und diese persönliche Einschätzung mit ihren Klassenkameraden zu vergleichen. Nehmen Sie Ansichtskarten, Kunstdrucke, eigene grafische Werke oder dergleichen und erstellen Sie in Ihrer Klasse eine kleine Galerie.

Spielziel

Thematisch zusammengehörige Bilder werden von einzelnen Schülern oder ganzen Gruppen zu einer kleinen Bildergalerie gereiht.

Spielablauf

Die ganze Klasse wird in drei, fünf, sieben, neun oder elf Gruppen aufgeteilt, jedenfalls in eine ungerade Anzahl. Sie als Spielleiter wählen ein Thema aus, von dem Sie eine beliebige Anzahl von Einzelbildern präsentieren können. Alle Bilder sind zunächst verdeckt. Zu Spielbeginn wird das erste Bild als Start einer Zehnerreihe offen aufgelegt. Danach decken Sie das zweite Bild auf und nun dürfen die Schülergruppen durch Platzierungskärtchen festlegen, ob sie dieses Bild höher oder weniger hoch einschätzen als das bereits aufliegende. Gleichzeitig werden von allen Gruppen die Platzierungskärtchen aufgedeckt und dann sofort die Verschiebung vorgenommen. Solange nur ein Startbild aufliegt, haben die Gruppen zwei Platzierungsmöglichkeiten. Gilt es dagegen, ein Bild in eine bereits volle Zehnerreihe einzuordnen, braucht jede Gruppe alle zehn Platzierungskärtchen plus eventuell die Out-Karte.

Wertung

Der neue Platz des zuletzt zu bewertenden Bildes entspricht genau dem mittleren Wert aller Platzierungskärtchen. Das heißt, falls 9 Schülergruppen werten, entscheidet die fünftbeste Wertung über die neue Platzierung.

Beispiel 1: Fünf Gruppen
Es liegen 7 Bilder auf. Die Platzierungskärtchen zeigen 1-1-2-8-8.
Das neue Bild kommt an die zweite Stelle. Alle anderen Bilder rücken um einen Platz nach rechts.

Beispiel 2: Neun Gruppen
Es liegen bereits 10 Bilder auf. Die Platzierungskärtchen zeigen 2-2-2-3-7-7-Out-Out-Out. Das neue Bild kommt an Position sieben. Das bisherige zehnte Bild wird beiseite gelegt.

Beispiel 3: Sieben Gruppen
Es liegen 8 Bilder auf. Die Platzierungskärtchen zeigen 1-1-1-9-9-9-9.
Das neue Bild kommt an die letzte Stelle.

Bilder/Themen

Hier gibt es keinerlei Beschränkung. Ob es sich um Ansichtskarten, Kunstdrucke, Poster, Briefmarken, Quartettkarten, Sammelkarten, Schülerzeichnungen oder dergleichen mehr handelt, spielt bei GALERIE überhaupt keine Rolle. Allerdings gilt: Je kleiner das Objekt der Betrachtung, desto schwieriger ist die rein optische Präsentation. Daher empfehle ich, bei Kleinkunstwerken wie etwa Briefmarken, die Klasse in einzelne Spielgruppen aufzuteilen. Warum sollten nicht zwei oder drei Spiele gleichzeitig an eigenen Tischen stattfinden?

Bemerkungen

In großen Klassen, wo alle Schüler in Gruppen zu je drei oder vier aufgeteilt werden, wird es je nach Gruppengröße immer wieder zu Diskussionen kommen, welches Platzierungskärtchen aufgedeckt werden darf. Genau hier liegt auch der tiefere Sinn dieser Bildbetrachtung. Es ist manchmal eben notwendig, seine Mitspieler von seinem Urteil zu überzeugen. Allzu lange soll aber diese Phase der Einschätzung nicht dauern, denn sonst leidet der Spielfluss. Ich empfehle allerhöchstens eine Minute. Falls es keine Übereinstimmung gibt, kann ja auch intern mit den zur Verfügung stehenden Platzierungskärtchen abgestimmt werden. Ich betone aber ausdrücklich das Wort „falls". Voraussetzung ist, dass Sie bei der Gruppeneinteilung darauf achten, dass immer eine ungerade Zahl von Schülern in jede Gruppe geht.

Nach Abschluss der Bildbetrachtung kann vielleicht der eine oder andere Kommentar von Seiten des Lehrers zu einer Vertiefung des Themas führen. Wie auch immer Sie dies halten mögen, vergessen Sie nicht, dass die genussvolle Betrachtung von Bildern im Vordergrund stehen soll.

Die Gesamtzahl der in einem Spiel präsentierten Objekte sollte im Idealfall zwischen zwanzig und dreißig liegen. Dadurch fallen immer wieder weniger positiv aufgenommene Bilder aus der Galerie hinaus, was bei den Schülern ein zusätzliches Spannungsmoment darstellt. Bei einer zu großen Anzahl von Einzelbildern dagegen fällt der Spannungsbogen zu früh ab. Aber auch das Alter der Schüler und die Qualität des zu betrachtenden Bildmaterials sind bei der Frage der Zahl der Bilder sehr entscheidend. Probieren geht hier im wahrsten Sinne des Wortes über studieren.

Taktische Hinweise
Kann es bei GALERIE keine geben.

Galerie ist eines der wenigen ruhigen Spiele und erlaubt wunderbare Stunden des gemeinsamen Betrachtens.

Denkspiele

Lassen Sie sich durch diese Überschrift nicht abschrecken. Auch Denkspiele erlauben ein sehr zügiges Spielgeschehen im Klassenverband, wenn die Regeln klar und verständlich sind und entsprechende Zeitlimits festgelegt werden.

Eines der wenigen induktiven Spiele auf dem Markt ist Eleusis, Richard Abbots Meisterwerk. Bei diesem sehr anspruchsvollen Spiel wird ausnahmsweise nicht nach der Lösung eines Problems gesucht, sondern nach einer geheimen Regel, die vorweg vom Spielleiter festgelegt wird. Ich möchte Ihnen hier die vereinfachte Variante DELPHI vorstellen, die aber eine ebenso große Herausforderung darstellt. Ganze Klassen sind jederzeit bereit, sich den Kopf über die geheime Regel zu zerbrechen, insbesondere ältere Schüler.

Mit dem in Cambridge entstandenen SPROUTS liegt ein ungemein trickreiches und kaum berechenbares Denkspiel vor, das in allen Altersstufen auf große Begeisterung stößt. Die einzelnen Partien dauern nur wenige Minuten, und es können ganze Turniere auf einem einfachen Blatt Papier abgewickelt werden. Sie werden sich schnell in der Gemeinde der Fans dieses Spiels wieder finden.

DELPHI

Spielerzahl: 4 bis 30+
Gruppenzusammensetzung: beliebige Altersstufen
Alter: ab 12
Dauer: ab 20 Minuten
Glück/Können (insgesamt 10 Punkte) – 2:8
Entstehungszeit: 1956 bis 1980
Autoren: nach einer Idee von Robert Abbott und Martin Kruskal
Unterrichtsgegenstand: Naturwissenschaftliche Fächer
Material: 52 Karten (Bridgeblatt oder Karten für Rummy/Rommee), Münzen,
Spielmarken

Auf der Suche nach der Wahrheit

ELEUSIS, ein Spiel von einer anderen Welt. Nicht zufällig hat Robert Abbott diesem Spiel den Namen der antiken Eleusinischen Mysterien gegeben, eines Fruchtbarkeitskults rund um die Göttin Demeter. Jedes Mitglied des Kults entdeckte nach langer Suche die geheimen, geheimnisvollen Regeln, genau wie wir in diesem Spiel. Wissen wurde in Eleusis, dieser alten griechischen Stadt, nur dem weitergegeben, der wissenschaftlich an die Sache heranging, der bereit war, sich erst etwas zu erarbeiten. Und tatsächlich finden sich in diesem Spiel zahlreiche Analogien zur Arbeitsweise der Wissenschaft. Ebenso wie diese, muss der suchende Spieler Rätsel lösen, nicht aber wie gewohnt auf deduktivem Wege, sondern ganz wie die klügsten Geister mit Hilfe eines induktiven Schlusses, eines Aha-Erlebnisses, um es auf eine einfache Formel zu bringen. Hypothesen werden gebildet, Hypothesen werden verworfen, nur der eine „gottgleiche" Schöpfer des Rätsels (bei Eleusis einfach einer von Ihnen) weiß die Antwort.

Robert Abbott hat an diesem Kartenspiel mehr als 20 Jahre lang gearbeitet, nicht ununterbrochen, aber ohne je das Ziel aus den Augen zu verlieren. 1956 hatte er die erste Idee, einige Jahre später wurde Eleusis in Martin Gardners Kolumne in „Scientific American" publiziert, mit dem Erfolg, dass sich unzählige Jünger an die immer kniffligeren Aufgaben machten, die sie sich letztlich in ihren „Denkrunden" selbst schufen.

Für weniger komplex denkende Kartenfreunde, und insbesondere für die Arbeit im Klassenzimmer, eignet sich das vom Princetonstudenten Martin Kruskal entwickelte, dem großen Bruder nachempfundene DELPHI. Das

Grundprinzip ist unverändert, der Spielablauf aber deutlich vereinfacht. Eleusis und Delphi sind Spiele, die nichts Geringeres simulieren als die Suche nach der Wahrheit.

Spielziel

Sie müssen eine geheime Regel finden, ganz auf induktivem Weg, das heißt durch eine plötzliche Eingebung.

Spielvorbereitung

Bilden Sie 4 bis 8 Teams und geben sie jedem der Teamleader eine Münze („Kopf" für Ja und „Zahl" für Nein). Außerdem wird ein Päckchen mit 52 Karten sowie ein Stapel Spielmarken bereitgelegt. Die Karten reichen von As = 1 bis König = 13. Bube und Dame zählen 11 und 12 Punkte.

Geheime Regel

Vom Spielleiter („Orakel") wird vor dem Aufschlagen der ersten Karte eine Regel erstellt, nach der die Karten aufgelegt werden sollen. Diese *geheime Regel* wird auf einem Blatt Papier festgehalten, um sie bei einer etwaigen Kontrolle später nachvollziehen zu können.

Beispiele
*für geheime Regeln, nach denen die **Mainline** (das sind alle Karten, die der Regel entsprechen) und die **Sideline** (Karten, die von der Regel abweichen) ausgelegt werden:*

1. *Falls die letzte Karte rot war, spiele Schwarz, falls sie schwarz war, spiele Rot. (Ein wahrscheinlich leicht zu durchschauendes Muster)*
2. *Die gespielte Karte muss mindestens zwei Augen mehr oder weniger als die zuletzt gespielte haben. Buben zählen hier als 11, Damen als 12, Könige als 13.*
3. *War die letzte Karte schwarz, spiele eine höhere oder gleich hohe Karte, war sie rot, eine niedrigere oder gleich niedere. Asse zählen als 1.*
4. *Eine schwarze Karte wird auf eine gerade Zahl gespielt, eine rote auf eine ungerade.*
5. *Kreuz/Treff-Herz-Pik-Karo müssen abwechselnd gelegt werden.*
6. *Primzahlen (2-3-5-7-11-13) und Nicht-Primzahlen wechseln ab. Asse zählen als 1, Buben als 11, Damen als 12, Könige als 13. (Kaum zu lösen!)*

7. *Auf Figurenkarten (Bub, Dame, König) folgen immer drei Augen-karten.*
8. *Kreuz/Treff folgt auf Pik, Herz auf Karo, eine Zahlenkarte auf Treff, eine Bilderkarte auf Herz (schwer zu lösen).*
9. *2-mal rot folgt auf 2-mal schwarz, und umgekehrt, etc.*
10. *1-mal rot (schwarz), dann 2-mal schwarz, 3-mal rot, 4-mal schwarz, 5-mal rot, etc.*

Nur unmittelbar vor dem Spiel darf der Geber den einen oder anderen Hinweis geben, später nicht mehr.

Spielablauf

Die zwei obersten Karten des 52-Karten Stapels werden als Startkarten aufgeschlagen und entsprechend der geheimen Regel aufgelegt. Die erste Karte bildet den Ausgangspunkt der Mainline, die zweite Karte kommt entweder in die Mainline oder in die Sideline. Jede folgende Karte wird zunächst vom Spielleiter („Orakel") vorgezeigt, danach entscheidet jedes Team durch eine Münze in der Faust (Kopf oder Zahl), ob die aufgeschlagene Karte in die Mainline (korrekter Weg entsprechend der geheimen Regel = „Kopf") oder in die Sideline (falscher Weg = „Zahl") gelegt werden sollte. Die Entscheidungen werden simultan preisgegeben. Nun wird die Karte korrekt platziert und es erfolgt die Wertung. Danach wird die nächste Karte aufgedeckt.

Layoutbeispiel: M = Mainline, S = Sideline (18 Karten)

```
M M M M M M M M M ...
   S   S S S
       S S
       S S
```

Wertung

Jede richtige Voraussage durch die Münze bringt dem Teamleader eine Spielmarke aus dem Pool. Die Wertung erfolgt, sobald alle Mitspieler dreimal hintereinander die gleiche Voraussage (egal ob Mainline oder Sideline) machen. Zur Markierung wird eine Spielmarke auf die zuletzt gespielte Karte gelegt. Spieler und Orakel haben einen unterschiedlichen Wertungsmodus:
1. Die Spieler schreiben Punkte entsprechend ihren Spielmarken.
2. Das Orakel (der Ersteller der geheimen Regel) schreibt die Differenz zwi-

schen dem besten und dem schlechtesten Spieler mal 2 (aufgerundet). Dadurch wird sichergestellt, dass jene geheime Regel am besten belohnt wird, die nur ungefähr von der Hälfte der Spieler bis zum Spielende durchschaut wird. Jeder Teamleader sollte einmal Geber (Orakel) sein.

Bemerkungen

Sollte am Tisch nicht genügend Platz sein, spielen Sie einfach in einer zweiten Mainline weiter. Bei Ihren ersten Versuchen ist anzuraten, den erfahrensten Spieler als Spielleiter (Orakel) einzusetzen. Trotz aller Planung kommt es manchmal vor, dass die Startkarte nicht entsprechend der geheimen Regel spielbar ist. In diesem Fall soll der Geber einfach eine andere aufschlagen und die erste wieder einmischen. Unterschätzen Sie auf keinen Fall die komplexen Verwicklungen, die dieses Spiel mit sich bringt.

Taktische Hinweise

- Achten Sie besonders auf die Karten der Sideline. Gerade bei diesem Spiel lernt man aus „Fehlern".
- Vermeiden Sie es, eine Idee allzu hartnäckig zu verfolgen. Dies mag bei normalen Spielen eine gute Strategie sein, bei DELPHI zählt viel mehr das induktive Prinzip „Versuch" und „Irrtum".
- Der Spielleiter schreibt am meisten, wenn seine Regel weder zu leicht noch zu schwer zu durchschauen ist. Sie werden hier bald das nötige Fingerspitzengefühl entwickeln.
- Manche geheime Regel ist fast undurchschaubar, z. B. folgende: Spielen Sie eine rote Karte, dann eine schwarze, eine ungerade, dann eine gerade etc. Der Sprung von Farbe auf Zahl wird dem Spiel nicht förderlich sein und dem Orakel kaum Punkte bringen.
- Generell gilt: Je strenger die geheime Regel (d. h. je weniger Karten aus dem Päckchen passen), umso leichter ist das Spiel zu erfassen. Eine strenge Regel würde etwa ein Viertel der Karten akzeptieren, eine offene geheime Regel bis zu über die Hälfte.

Ausgestattet mit diesen Tipps können Sie sich nun auf die Suche nach der Wahrheit machen.

SPROUTS

Spielerzahl: 2, in der Teamversion bis 32
Gruppenzusammensetzung: beliebige Altersstufe
Alter: ab 10
Dauer: ab 10 Minuten (variabel)
Glück/Können (insgesamt 10 Punkte) – 2:8
Entstehungszeit: 1967
Autoren: John Conway und Michael Paterson
Unterrichtsgegenstand: Naturwissenschaftliche Fächer
Material: Glattes Papier, zwei Farbstifte

Elite-Universität Cambridge
SPROUTS wurde von einem Professor für Mathematik und einem Studenten, beide aus Cambridge, erfunden. Das Faszinierende an diesem Spiel ist die Komplexität der Spielführung bei gleichzeitig extremer Einfachheit der Regel. Aufgeweckte Volksschulkinder kommen mit den „Sprößlingen" (Sprouts) ebenso zurecht wie erfahrene Spieler. Die Spieldauer ist sehr kurz, der Spielreiz dagegen überaus hoch.

Spielziel
Sie müssen versuchen, den letzten gültigen Spielzug zu tun.

Spielvorbereitung
Auf einem glatten Blatt Papier werden drei, vier oder bis zu maximal zehn Ausgangspunkte eingetragen.

Spielablauf
Abwechselnd müssen die beiden Spieler in ihrem Spielzug zwei Punkte miteinander verbinden oder eine Schleife zum Ausgangspunkt ziehen. Um eine bessere Übersicht zu gewährleisten, wird immer mit zwei verschiedenfarbigen Stiften gespielt, z.B. mit Rot und Grün. Dabei sind folgende Regeln zu beachten: (1) Die Verbindungslinien dürfen keine vorher gezogene Linie oder sich selbst kreuzen. (2) Die Verbindungslinien dürfen durch keinen Punkt durchgehen. (3) Von keinem Punkt dürfen mehr als drei Linien ausgehen. Sobald die dritte Verbindung von einem Punkt abzweigt, ist dieser

„tot". (4) Auf der gerade gezogenen Verbindungslinie wird vom jeweiligen Spieler ein weiterer Punkt (ein *Sprout*) gesetzt.

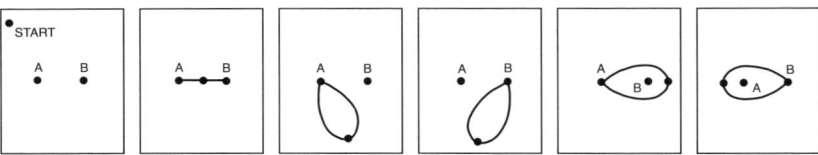

Spielende

Eine Partie endet, sobald ein Spieler keine Verbindungslinie mehr ziehen kann. Gewinner ist, wer zuletzt eine Linie setzen konnte. Ein Match wird auf zwei gewonnene Partien gespielt. Der Verlierer entscheidet, mit wie vielen Ausgangspunkten die zweite Partie gespielt wird. Jedenfalls dürfen in einem Match nie zwei Partien die gleiche Ausgangspunktezahl aufweisen. Falls Sie die Misère-Variante (siehe unten) zulassen, darf der Verlierer der ersten Partie sich zusätzlich für ein Normalspiel oder ein Misèrespiel entscheiden.

Turnierform

Gespielt wird im K.-o.-System, wobei in einer Klasse üblicherweise ein 16er-Raster als Ausgangsbasis genommen wird. Gespielt werden daher Achtel-, Viertel-, Semifinale und Finale. Bei großen Klassen sind zwei 16er-Raster zu empfehlen, wobei als Höhepunkt die beiden Gruppensieger zum Showdown gegeneinander antreten. Bei 17 bis 31 Schülern haben bis zu acht Teilnehmer in der ersten Runde ein Freilos, optimalerweise gleichmäßig auf die beiden Raster aufgeteilt.

> *Beispiel:*
> *Bei zwei Punkten ergeben sich fünf verschiedene Eröffnungszüge, wobei der zweite und dritte, beziehungsweise der vierte und fünfte symmetrisch sind. Jedes Normalspiel kann in diesem Fall vom zweiten Spieler gewonnen werden.*

Bemerkungen

Sprouts scheint auf den ersten Blick viel Zeit in Anspruch zu nehmen. Aber hier gilt ausnahmsweise das Sprichwort „Der Schein trügt". Denn die maximale Zahl der Spielzüge ist mathematisch genau zu berechnen: $3n - 1$ (n ist die Anzahl der Ausgangspunkte). D. h. bei drei Ausgangspunkten werden höchstens 8 Züge gemacht, bei vier 11, bei fünf 14 usw. Sollten Sie sich für einen 10-Punkte-Marathon entscheiden, wird nach maximal 29 Spielzügen der Sieger ermittelt sein. Der erste Spieler am Zug sollte theoretisch bei 3, 4 und 5 Ausgangspunkten gewinnen.

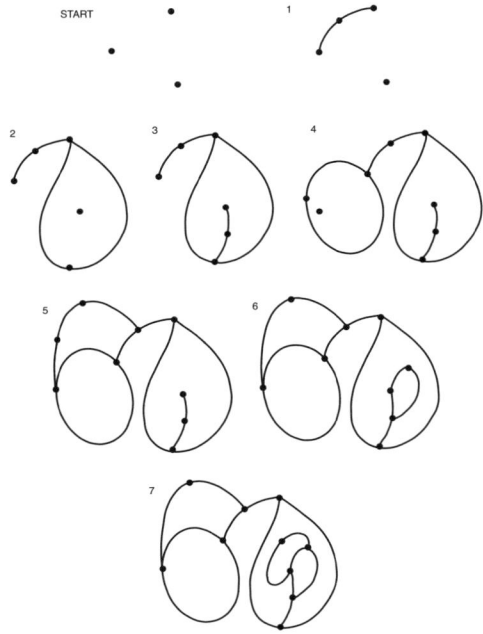

Musterspiel (mit drei Punkten):
Nach dem siebenten Spielzug kann der zweite Spieler nicht mehr ziehen. Beim Normalspiel hätte er verloren, beim Misèrespiel (siehe Variante) dagegen gewonnen.

Variante

Sie können *Sprouts* auch in der *Misère-Form* spielen. In diesem Fall gewinnt derjenige die Partie, der nicht mehr ziehen kann. Dadurch ändert sich die Spielstrategie ganz entscheidend. So gewinnt theoretisch der zweite Spieler eine Misère-Partie mit drei oder vier Ausgangspunkten. Bei mehr als fünf Ausgangspunkten haben sogar Computer ihre liebe Mühe genaue Prognosen zu machen.

Sie müssen Ihre Sprösslinge nur noch richtig wachsen lassen ...

SPROUTS Auslosungsraster

1/8 Finale	1/4 Finale	1/2 Finale	Finale	Winner

MERKSPIELE

Merkspiele haben nicht zuletzt wegen des ungeheuren Erfolgs des Memory einen hohen Bekanntheits- und Beliebtheitsgrad erreicht. Dazu kommt, dass Kinder auf diesem Gebiet mit Erwachsenen leicht konkurrieren können, ja in vielen Belangen bei reinen Gedächtnisübungen sogar Vorteile haben.

Ich stelle mit SCREENING eine interessante Kombination aus Merkspiel und Assoziationsaufgaben vor, wo es nicht nur auf Gedächtnisleistung ankommt, sondern auch auf die Fähigkeit, verschiedene Sachverhalte miteinander zu verknüpfen.

Screening eignet sich auch wunderbar als Teamspiel im Klassenverband, da praktisch alle Schüler während der gesamten Spielphase aktiv mitarbeiten können. Dazu kommt ein nicht zu unterschätzender Lerneffekt, der jedoch eine stark spielerische Komponente besitzt und daher von Schülern als echte Herausforderung empfunden wird. Der Schwierigkeitsgrad bei allen Aufgaben zu Screening ist eine freie Entscheidung des Spielleiters. Die Fragen können sehr individuell gehalten werden. Jedenfalls gibt es keine Altersstufe, die sich nicht voll in dieses Spiel hineinleben konnte.

SCREENING

Spielerzahl: bis 30+
Gruppenzusammensetzung: altersmäßig homogen
Alter: ab 10
Dauer: ab 10 Minuten (variabel)
Glück/Können (insgesamt 10 Punkte) – 3:7
Entstehungszeit: 1992
Autor: Hugo Kastner
Unterrichtsgegenstand: Geografie, Geschichte, Bildnerische Erziehung, Religion ...
Material: Atlas, Kunstbildband, Almanach, etc., Overheadprojektor, Spielblock

Mr & Mrs Memory
SCREENING ist eine Mischung aus Gedächtnis und assoziativem Denken. Wie der Titel sagt, müssen die Schüler in kurzer Zeit versuchen, möglichst viele Eindrücke zu einer topografischen oder thematischen Karte, oder auch zu einer anderen Art der bildlichen Darstellung (etwa Flaggen, Artefakte, Bilder etc.) in ihr Gedächtnis einzulesen. Die Abfrage erfolgt, im Gegensatz zu üblichen Quizarten, bisweilen verschlüsselt. Das bedeutet, dass SCREENING von den Schülern bei der Lösungsfindung gewisse kombinatorische Fähigkeiten verlangt. Einem Mr. Memory wird sein Kurzzeitgedächtnis allein wenig weiterhelfen.

Spielziel
Eine bildliche Darstellung wird einige Minuten betrachtet. Anschließend versucht das Schülerteam gemeinsam 10 Assoziationsaufgaben zu lösen. Auch hier gilt eine strikte Zeitbeschränkung.

Spielablauf
Die Klasse wird in Viererteams eingeteilt. Eine vom Spielleiter bestimmte Atlaskarte, ein Bild oder auch eine visuelle Darstellung anderer Art wird von jedem Schüler zwei Minuten lang intensiv betrachtet. In dieser Zeit versuchen alle Mitspieler, sich möglichst viel davon einzuprägen. Eventuell kann diese „Inputphase" auch durch das Auflegen einer Overheadfolie erfolgen. Danach wird eine weitere Overheadfolie mit genau 10 Assoziationsaufgaben zum entsprechenden Thema präsentiert. Wieder in zwei Minuten müssen

die Schüler die passenden Antworten in den Spielblock eintragen. Schließlich werden die Lösungen an die Nachbarteams weitergegeben und von diesen mit Hilfe des Lehrers verglichen.

Wertung

Für jede richtige Assoziation gibt es einen Punkt, daher sind insgesamt pro Aufgabe zehn Punkte möglich. Gespielt wird auf einen vorher festgesetzten Punktewert, nach Maßgabe der zur Verfügung stehenden Zeit. Bewährt hat es sich, auf 30, 40 oder 50 Punkte zu spielen.

Bemerkungen

Dieses Spiel ist hervorragend geeignet, Schülern einen Einblick in die topografischen Besonderheiten eines Raums zu geben, oder historische Zusammenhänge zu illustrieren. SCREENING hat einen sehr hohen Lerncharakter, wenn auch die Schüler dies keinesfalls als unangenehm empfinden. Die Assoziationen und Hinweise von Seiten des Lehrers müssen aber genau vorbereitet sein, da sonst leicht Leerläufe entstehen. Auch die Altersstufe der Schüler ist ganz entscheidend für den Schwierigkeitsgrad der Assoziationsaufgaben. Bei sehr jungen Schülern können auch Fragen gestellt werden, die reinen Merkcharakter haben. Wichtig ist es, zu bedenken, dass bei SCREENING weder Über- noch Unterforderung tragbar sind. Dieses Spiel lebt von seiner Ausgewogenheit und einem gewissen Spieltempo. Wer als Spielleiter sehr versiert ist, also bereits einige Spielstunden mit SCREENING verbracht hat, wird mit deutlich weniger Vorbereitung auskommen. Ja es ist sogar denkbar, die Assoziationsaufgaben im 12-Sekunden-Rhythmus direkt an die Klasse zu geben und sich die Overheadvorbereitung zu ersparen. Aber am besten Sie experimentieren selbst ein wenig.

Bedenken Sie auch, dass sich die Schüler in zwei Minuten nur eine überschaubare Menge von Informationen einprägen können. Es macht daher wenig Sinn, eine ganze Europakarte in großem Maßstab (etwa eine Wandkarte) zur Vorbereitung zu geben. Wie bei wenigen anderen Spielen in diesem Buch ist Fingerspitzengefühl von Seiten des Lehrers notwendig, um einen nachhaltigen Spielerfolg zu erreichen.

SCREENING wird sich für viele Ihrer Schüler zu einem immer wieder verlangten Erlebnis entwickeln.

Assoziationsaufgaben

Geografie: IRLAND

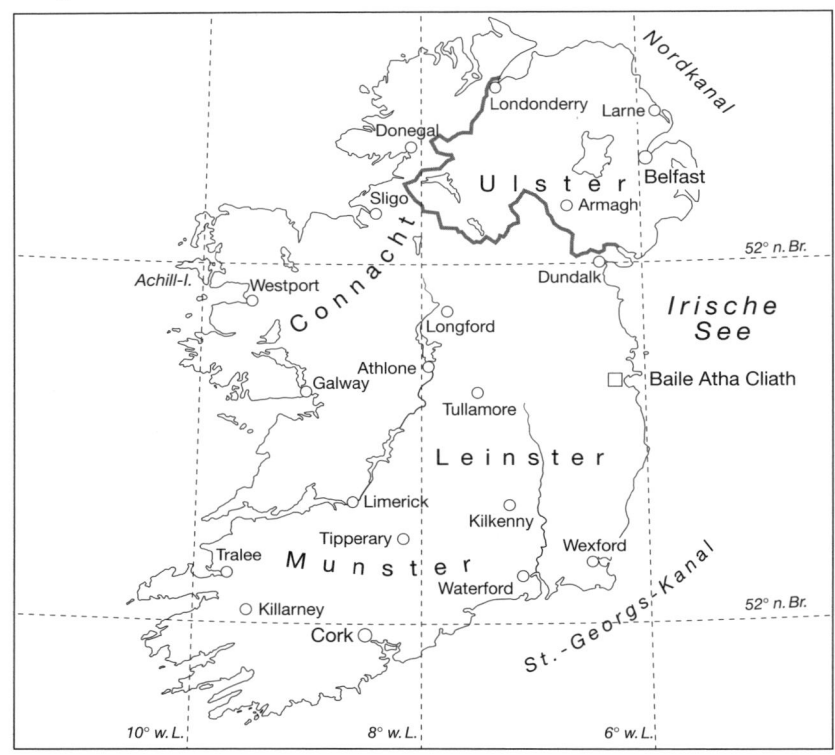

Aufgabe	Lösung
Aufgabe	*Lösung*
1. G--- mit dem Drachen	St.-Georgs-Kanal
2. „Wasserfurt"	Waterford
3. Ulster, Leinster, Connacht, ---	Munster
4. Baile Atha Cliath	Dublin
5. Griechischer Sagenheld	Achill
6. Flaschenverschluss	Cork
7. Gallischer Weg	Galway
8. „It's a long way to –, it's a long way to go …"	Tipperary
9. 5-zeiliges Gedicht = L---	Limerick
10. Meridian durch die „Mitte" Irlands	8° westliche Länge

Geografie: TEXAS

Aufgabe	*Lösung*
1. Ermordung Kennedys	Dallas
2. Leib des Herrn	Corpus Chrisi
3. Deutscher Autotyp	Golf
4. Großer Fluss	Rio Grande
5. Europäische Modestadt	Paris
6. Britische Automarke	Austin
7. Meridian durch die Mitte von Texas	100° westliche Länge
8. Fort ---	Worth
9. Halbwüste im Nordwesten	Llano Estacado
10. Präsident des „Lone Star State" (H …)	Houston

Geografie: FLAGGEN 1

Aufgabe	*Lösung*
1. Union Jack+ Sternenkranz	Cookinseln
2. Drachenstaat	Bhutan
3. Senkrecht-waagrecht-waagrecht	Benin
4. Liegendes Kreuz	Dänemark
5. Himmelskugel	Brasilien
6. Schwarz-Rot-Gold	Deutschland
7. Wellen	Brit. Territorium im Indischen Ozean
8. Schachbrett	Kroatien
9. Zahnkamm	Katar
10. Sisseroupapagei	Dominica

Geografie: FLAGGEN 2

Aufgabe

1. Weißes Kreuz
2. Islamisches Glaubensbekenntnis
3. Liegendes Kreuz
4. Sonne + drei Freiheitssterne
5. Der große Vogel
6. Patriarchenkreuz
7. Schrägteilung
8. Kreuz des Südens
9. Abbildung der Himmelskugel
10. Rot-Weiss-Rot

Lösung

Schweiz
Saudi-Arabien
Schweden
Philippinen
Simbabwe
Slowakei
Salomonen
Samoa
Portugal
Peru

Bildnerische Erziehung: BILDBETRACHTUNG

Reptiles by M.C.Escher.

Aufgabe	*Lösung*
1. Zahl der „lebenden" Reptilien	6
2. Wo steht die Flasche?	rechts vorne
3. Idealer Körper	Dodekaeder (12-seitig)
4. Rauchblasen	Reptil am Dodekaeder
5. Buchstaben in der linken unteren Ecke	MCE (Maurits Cornelis Escher)
6. Zahl der „toten" Objekte	1
7. Gegen den Uhrzeigersinn	Bewegungsrichtung der Reptilien
8. Dreiecksform	Rechtwinkelig
9. Buchthema	Naturgeschichte
10. Brücke	Dreieck

© Cornelsen Verlag Scriptor, Berlin • Die Fundgrube für Spiele • Screening

Geografie: DEUTSCHLAND – LÄNDER

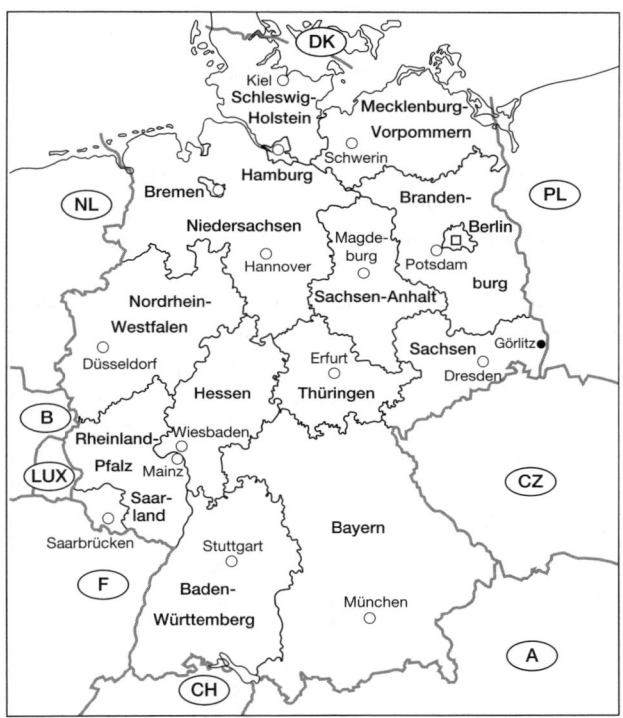

Aufgabe	*Lösung*
1. Sechs Länder-Nachbarn	Hessen
2. Land mit „Flussname"	Nordrhein-Westfalen, Rheinland-Pfalz
3. Das einzige „Land"	Saarland
4. Nachbarn Deutschlands	9
5. Ostsee	Mecklenburg-Vorpommern, Schleswig-Holstein
6. Nordsee	Niedersachsen, Schleswig-Holstein
7. Halber Weg Dresden-Bremen	Magdeburg
8. Halber Weg Hamburg-München	Erfurt
9. Östlichste Stadt	Görlitz
10. Länder-Enklaven	Bremen, Berlin

© Cornelsen Verlag Scriptor, Berlin • Die Fundgrube für Spiele • Screening

Psychologische Spiele

In dieser Gruppe will ich Ihnen Spiele vorstellen, die ein großes Einfühlungsvermögen seitens der Mitspieler verlangen. Die eigentliche Beurteilung der Spielsituation ist stark an die Persönlichkeit dieser Mitspieler gebunden. Dadurch ergeben sich in jedem Spiel absolut unvorhersehbare und herausfordernde Situationen, die eine sehr individuelle Strategie ermöglichen. Dies gilt für das von mir erfundene PSYCHO, bei dem Sie Ihre Menschenkenntnis optimal einsetzen müssen, ebenso wie für den GEHEIMNISVOLLEN WEG, bei dem Ihnen Aufgaben gestellt werden, die Ihre ganz persönliche Vorstellungskraft, Ihre Gedankenwelt ansprechen. Das Spielziel wird, ganz ungewöhnlich, erst im Nachhinein bekannt gegeben. Auch der LÜGENTEUFEL hat einen sehr speziellen Charakter, müssen Sie doch bei einem Mitspieler aus verschiedensten Antworten die herausfiltern, bei denen nicht die Wahrheit gesagt wurde. Alle diese Spiele können ganz spontan bei Zusammenkünften verschiedenster Gruppen vorgestellt werden, da absolut keine Vorbereitungszeit notwendig ist.

DER GEHEIMNISVOLLE WEG

Spielerzahl: bis zu 30+
Gruppenzusammensetzung: altersmäßig homogen
Alter: ab 14
Dauer: ab 50 Minuten
Glück/Einfühlungsvermögen (insgesamt 10 Punkte) – keine Wertung
Entstehungszeit: unbekannt
Autor: unbekannt
Unterrichtsgegenstand: Psychologie, Deutsch, Englisch
Material: Notizformular

Reise ins Unbekannte

DER GEHEIMNISVOLLE WEG ist insofern kurios, da den Schülern das
Spielziel erst im Nachhinein bekannt gegeben wird. Es ist also eine Reise
in unbekannte Gefilde. Zudem lässt sich dieser Weg mit ein und derselben
Gruppe nur einmal gehen. Sie müssen daher sehr sparsam beim Einsatz
dieses psychologischen Spiels sein. Hochinteressant ist DER GEHEIMNIS-
VOLLE WEG auch mit Erwachsenen, da gerade bei diesen sehr viele individuelle Züge zum Tragen kommen. Lassen Sie sich überraschen und
spielen Sie vielleicht die eine oder andere Stufe selbst durch, ohne vorweg
auf die Erklärungen zu blicken.

Spielziel

Zu einzelnen Aufgaben müssen ganz persönliche Texte verfasst werden.

Spielablauf

Die Mitspieler schreiben in ca. drei (bis maximal fünf) Minuten einen kurzen
Absatz (ungefähr 50 bis 100 Worte) zu einer vorgegebenen Aufgabe. Danach
lässt der Spielleiter jeweils drei bis fünf Texte vorlesen und gibt anschließend
die Interpretation (den Schlüssel) bekannt.

Aufgaben

1. Du gehst einen Weg entlang. Beschreibe diesen Weg.
2. Du findest einen Ast. Beschreibe ihn. Was tust du damit?
3. Ein umgestürzter Baum blockiert deinen Weg. Was tust du?

4. Ein Bär begegnet dir auf deinem Weg. Was tust du?

5. Du kommst zu einer Weggabelung. Was tust du?

6. Du kommst zu einer Mauer. Wie sieht sie aus?

7. Du hörst ein Geräusch hinter der Mauer. Beschreibe dieses Geräusch?

Interpretation

Der Schlüssel findet sich im Anhang. Bevor Sie nachsehen, sollten Sie versuchen, selbst eine halbe Stunde für die sieben Aufgaben aufzubringen. Sie bekommen dann wesentlich mehr Gefühl für Ihren Kommentar. Außerdem dürfen Sie sich selbst auf die eine oder andere Überraschung gefasst machen.

Taktische Hinweise

müssen diesmal leider entfallen.

Bemerkungen

DER GEHEIMNISVOLLE WEG ist ein Einmalspiel, d.h. er verliert bei mehrmaligem Durchspielen stark an Wirkung. Dennoch darf ich Ihnen diesen Psychotrip für ältere Schüler ganz stark ans Herz legen, denn fast alle höheren Klassen reagieren nach anfänglichem Zögern äußerst positiv auf diese Art der Spielaktivität. Wie psychologisch tiefgründig die Interpretationen sind, bleibt dem Urteil von Experten überlassen. Aber Spaß macht die Sache auf jeden Fall.

Wohin führt Sie der geheimnisvolle Weg?

LÜGENTEUFEL

Spielerzahl: bis zu 30+
Gruppenzusammensetzung: altersmäßig homogen
Alter: ab 14
Dauer: ab 10 Minuten (variabel)
Glück/Einfühlungsvermögen (insgesamt 10 Punkte) – 4:6
Entstehungszeit: unbekannt
Autor: unbekannt
Unterrichtsgegenstand: Psychologie, Deutsch, Englisch
Material: 10 Spielkarten mit den Augen 1 bis 10

Wehe dem der nicht lügt ...
Manchmal darf auch in der Schule munter gelogen werden, speziell, wenn es um psychologische Verschleierung geht. Kaum ein Spiel eignet sich dafür besser als der LÜGENTEUFEL, wird hier doch die Fähigkeit der dreist hingeworfenen Unwahrheit geradezu gefordert. Nicht nur der Lügenbold, auch die Mitspieler sind auf höchste Konzentration und Beobachtungsfähigkeit angewiesen. Am besten, Sie opfern sich im ersten Spiel selbst und versuchen Lüge und Wahrheit glaubwürdig zu mixen.

Spielziel
Bei 3 von 10 Antworten muss gelogen werden, alle anderen sind wahrheitsgemäß zu beantworten.

Spielablauf
Zunächst zieht der „Lügner" aus zehn Spielkarten (1 bis 10) drei, bei denen er in der Fragephase die Unwahrheit sagen muss. Danach verlässt er für ein bis zwei Minuten den Klassenraum. Währenddessen bereiten die Mitschüler eine persönliche Frage vor, wie etwa: „Gehst du gern zum Friseur?" Im eigentlichen Spiel muss auf jede Frage spontan und kurz geantwortet werden, am besten in ein, zwei Sätzen. Dabei beobachten die Mitschüler genau, ob eine verräterische Mimik oder Gestik eine etwaige Lüge offenbart. Nach den zehn Fragen wird in einer Checkliste kontrolliert, welche Antworten als Lügen eingestuft wurden. Der „Lügner" nennt schließlich seine zuvor gezogenen Nummern.

Beurteilung

Die Klasse hat ein ausgezeichnetes Ergebnis erzielt, wenn alle drei Fragen bei den häufigsten Nennungen dabei sind. Ansprechend ist auch ein Aufdecken von zwei der drei Lügen.

Fragen

Keinesfalls dürfen Fragen gestellt werden, bei denen einem Mitschüler die Antwort von vornherein bekannt ist. So ist etwa die Frage „Hast du am 15. Juni Geburtstag?" nicht erlaubt, wenn irgendwer in der Klasse weiß, wann der Mitschüler seinen Geburtstag hat. Verboten sind auch Intimfragen, die dem Antwortgeber peinlich sein könnten.

Bemerkungen

In diesem Spiel geht es in Wahrheit aber nicht um Sieg und Niederlage, sondern vielmehr darum, die trickreiche psychologische Situation des Lügen-Müssens und den damit verbundenen Verlust der Seelenruhe zu erfahren. Es ist unglaublich, wie oft im praktischen Spiel der Lügner ertappt wird, besonders bei älteren Schülern.

Taktische Hinweise

- Beobachten Sie genau das Gesicht des „Lügners".
- Achten Sie auf etwaige Zeitverzögerungen bei der Antwort.
- Versuchen Sie sich ein Bild vom Gesamtcharakter des „Lügners" zu machen.
- Stellen Sie die Fragen ohne Zeitverzögerung, d.h. versuchen Sie als Fragender einen regelmäßigen Rhythmus einzuhalten.
- Hängen Sie keinesfalls an einer vorgefassten Meinung. Selbst wenn Sie nach fünf oder sechs Antworten bereits glauben, die drei Unwahrheiten entdeckt zu haben, bleiben Sie bis zum Schluss konzentriert.

Dreimal gelogen ist noch fast die Wahrheit gesprochen!

Fragenkatalog

Dieser Katalog dient in erster Linie der Anregung, soll daher keinesfalls die Eigeninitiative der Fragenden einschränken.

Magst du Haustiere?

Wie lange möchtest du zu Hause wohnen?

Mit welchem Alter denkst du zu heiraten?

Wie viele Türen gibt es in deinem Haus/in deiner Wohnung?

Welches Möbelstück würdest du gerne in deinem Zimmer haben?

Was befindet sich bei dir zu Hause gerade im Kühlschrank?

Wie viele Stunden pro Tag siehst du fern?

Ab welchem Alter sollte Rauchen erlaubt sein?

War es eine gute Entscheidung, in diese Schule zu gehen?

Welche Geräusche zu Hause ärgern dich manchmal?

Was hörst du als Erstes, wenn du am Morgen aufwachst?

Ab welchem Alter sollten Jugendliche Alkohol ausgeschenkt bekommen?

Liest du manchmal das Horoskop? Und hat es auch eine Bedeutung für dich?

Sind Jungen mathematisch begabter als Mädchen?

Welcher Partei würdest du eventuell beitreten?

Welche Werbung im Fernsehen fasziniert dich?

Ist es auch heute noch wichtig, an Gott zu glauben?

Sollte es nach oben eine Lohnbegrenzung geben?

Welche Sportart findest du todlangweilig?

Ab welchem Alter sollte man das Wahlrecht haben?

Bist du für die Osterweiterung?

Wenn du Arzt werden könntest, welche Fachrichtung würde dich interessieren?

Was müsste bei dir zu Hause repariert werden?

Was regt dich so richtig auf?

Welcher Sport fasziniert dich?

Welches Auto würdest du dir unter Umständen kaufen?

Gehst du gerne in die Sauna?

Wie oft gehst du ins Kino?

Sind Mädchen sprachlich begabter als Jungen?

Welcher deiner Lehrer geht dir manchmal auf die Nerven?

Wer ist deine engste Bezugsperson zu Hause?

Vor welchen Tieren fürchtest du dich?

PSYCHO

Spielerzahl: aktiv 9 bis 11, passiv bis zu 30
Gruppenzusammensetzung: altersmäßig homogen, eventuell Jungen gegen Mädchen
Alter: ab 14
Dauer: ab 20 Minuten (variabel spielbar)
Glück/Einfühlungsvermögen (insgesamt 10 Punkte) – 1:9
Entstehungszeit: 1989
Autor: Hugo Kastner
Unterrichtsgegenstand: Psychologie, Deutsch, Englisch
Material: 300 Fragen in drei Kategorien (Assoziation, Charakter, Sonstiges), Spielplan, Notizblatt, Sanduhr oder Stoppuhr, eventuell Spielkarten

Haben Sie Menschenkenntnis?

Keine Angst, Alfred Hitchcocks Meisterwerk hat bei mir kein Trauma bewirkt. PSYCHO ist kein Spiel im herkömmlichen Sinn, es hat aber viel mit Ihrer Menschenkenntnis zu tun, es lebt vom psychologischen Moment. Und PSYCHO verlangt von Ihnen einen ganz besonderen Charakterzug: Sie müssen unter allen Umständen bei der Wahrheit bleiben. Falls Sie sich bei diesem Verlangen überfordert fühlen, haben Sie das falsche Spiel gewählt. Doch wir vertrauen Ihrer Ehrlichkeit – und Neugier – und laden Sie ein, Ihren Schülern in Zukunft die Wahrheit und nichts als die reine Wahrheit zu entlocken.

PSYCHO ist, darauf muss an dieser Stelle besonders hingewiesen werden, ein hochkreatives Spiel. Sie müssen aus oft überraschendsten Antworten Ihrer Mitspieler herausfinden, wer was gesagt haben könnte.

Die folgende Beschreibung für 9 Spieler kann ohne wesentliche Änderung im Spielablauf auf 11 Spieler angewandt werden.

Spielziel

Ganz persönlich gefärbte Antworten zu einzelnen Fragen müssen den richtigen Personen zugeordnet werden.

Spielvorbereitung

Je vier (fünf) Spieler, die eine Mannschaft bilden, sitzen sich am Tisch gegenüber. Einer der vier wird als Gruppensprecher bestimmt. Der Spielleiter nimmt am Kopf des Tisches Platz. Jede Mannschaft bekommt ein Blatt Papier mit den Namen der Spieler und ein weiteres blankes Blatt für Notizen.

Spielablauf

1. Vom Spielleiter wird eine Frage vorgelesen (z.B. Welcher Schauspieler gefällt dir am besten? – Wovor hast du am meisten Angst? – In welche Zeitepoche würdest du gerne mit einer Zeitmaschine zurückversetzt werden? etc.). Hier soll durch geschickte Auswahl der Fragen eine optimale Mischung aus Assoziations-, Charakter- und sonstigen Fragen entstehen.

2. Jede Frage muss entsprechend den fünf folgenden Kriterien beantwortet werden:

- wahrheitsgemäß („nichts als die reine Wahrheit" – Sie kennen dies ja von Filmen aus dem Gerichtssaal)
- schriftlich (auf dem Mannschaftsblatt),
- geheim (für die gegenüber sitzende Mannschaft nicht einsehbar),
- möglichst kurz (am besten in einem oder in zwei Worten) und
- spontan (der erste Einfall zählt, es soll nicht lange überlegt werden).

Die Antworten werden zu den jeweiligen Namen im Mannschaftsblatt eingetragen.

3. Vom Spielleiter werden anschließend, selbstverständlich so, dass niemand die Antwortblätter einsehen kann, die jeweils vier (bzw. fünf) Antworten einer Mannschaft vorgelesen. Dies geschieht in einer zufällig gewählten Reihenfolge, d. h. die vorgelesenen Antworten der Spieler entsprechen nicht der Sitzordnung. Der Gruppensprecher darf diese Antworten auf seinem Notizblatt notieren. Dies ist empfehlenswert, da man sonst immer wieder rückfragen muss.

4. Die beiden Mannschaften haben dann zu beraten, wer von der anderen Gruppe welche Antwort gegeben haben könnte. Die Zeitdauer dieser Beratungen sollte nicht mehr als eine Minute sein, was durch eine Sanduhr gesteuert werden kann.

5. Je ein Gruppensprecher nennt dann die Beratungsergebnisse, und vom Spielleiter werden entsprechend den richtigen Antworten Punkte verteilt, und zwar eine Gesamtsumme für beide Gruppen. Das heißt, im Optimalfall, bei völlig richtiger Zuordnung der Antworten, sind 8 Punkte (bzw. 10 Punkte) pro Frage möglich. Das Ergebnis wird für jede Runde durch den Spielleiter festgehalten, sodass am Ende des Spiels eine Durchschnittsleistung berechnet werden kann.

6. Bei ganz wenigen Fragen kann es vorkommen, dass alle vier Antworten einer Gruppe mehr oder weniger identisch sind. In diesem Fall wird die Frage gestrichen und für beide Gruppen eine Ersatzfrage gestellt, selbstverständlich aus der gleichen Kategorie.

Spieldauer

Grundsätzlich wird so lange gespielt, wie alle Teilnehmer Spaß an der Sache haben. 10 Runden sind aber durchaus empfehlenswert.

Passive Teilnehmer

Bei diesem Spiel können passiv auch ganze Klassen mitmachen. Erstens darf locker mitgeraten werden, und zweitens ist es durchaus interessant, wenn Fragen von den Zuschauern direkt beigesteuert werden. Dadurch wird die momentane Stimmungslage einer Gruppe optimal genutzt.

Bemerkungen

Topergebnisse werden nicht allzu leicht zu erreichen sein, es sein denn, die einzelnen Gruppenmitglieder haben sehr viel Gefühl bei der Auswertung der gegnerischen Stichwörter. Lassen Sie sich aber davon nicht entmutigen. Auch PSYCHO verlangt eine gewisse Übung.

Die Kurzbeschreibung kann die ungeheure Dynamik dieses Spiels nur im Ansatz widerspiegeln. Die Auswahl der Fragen (quasi die Würze dieses Spiels) ergibt eine breite, sehr individuelle Charakterisierung der Mitspieler. Je besser sich die gegnerischen Mitspieler kennen, desto eher besteht die Wahrscheinlichkeit, dass sie bei der Antwortzuweisung Treffer landen. Da bei PSYCHO sowohl die Beantwortung der Fragen als auch die anschließende Beratung einen entscheidenden Anteil am Erfolg haben, wird die Gesamtleistung als höchstes Spielziel definiert. Letztlich ist es aber der Spaß am Raten und die Reaktionen auf die Frageformulierung, die den Reiz von PSYCHO ausmachen.

Falls Sie für eine der drei Kategorien eine Vorliebe haben, ist nichts gegen ein Assoziations-Psycho oder ein Charakter-Psycho einzuwenden. Aber auch eine dem Zufall überlassene Fragestellung ist denkbar. Nehmen Sie ein Päckchen Karten zur Hand und suchen Sie die Augenkarten (von 1 bis 10) heraus. Durch blindes Ziehen von zwei Karten können Sie dann wertungsfrei die eine oder andere Frage finden. Die erste Karte entscheidet über die Serie, die zweite über die Frage. Zum Beispiel bedeutet ♣ 8/5, dass Sie die fünfte Frage der achten Kreuz-Serie nehmen.

Eine Konzession ist beim Thema Wahrheit erlaubt. Jeder Teilnehmer darf einmal im Spiel eine Frage „leer" lassen, das heißt, er schreibt nur einen Strich hin. Damit kann eine „peinliche" Situation vermieden werden.

Taktische Hinweise
Diese gelten ausnahmsweise für den Spielleiter.

- Die Antworten sollten immer in anderer Reihenfolge vorgelesen werden, und zwar für beide Mannschaften bereits vor der Beratungsphase.
- Erst anschließend darf (gleichzeitig von beiden Gruppen) beraten werden. Der Gruppensprecher schlägt die Lösungen vor.
- Die Beratungen sollen nicht länger als ungefähr eine Minute dauern (Sanduhr). PSYCHO lebt sehr vom Tempo.
- Ich darf dem Spielleiter empfehlen, vielleicht am Ende des Spiels eine Zusammenfassung zu geben, selbstverständlich auf Grund der Antwortblätter. Z. B. Peter würde gerne mit Sharon in Florida Spaghetti essen, aber nur in einem T-Shirt von Lacoste (Antworten: Sharon/Florida/Spaghetti/Lacoste-T-Shirt).

Beispiel (zwei Fragen):

Roland	*Irland*	✓
	Schach	–
Hugo	*Australien*	✓
	Siedler von Catan	–
Bernd	*Italien*	–
	Skat	✓
Walter	*Argentinien*	–
	Würfelpoker	–
Irene	*Großbritannien*	✓
	Schnapsen	–
Brigitte	*Frankreich*	✓
	Mensch ärgere dich nicht	–
Doris	*Frankreich*	✓
	Bridge	–
Margit	*Japan*	✓
	Bridge	✓

Beide Mannschaften haben zusammen 8 Punkte erreicht.

Was Sie neben dem Fragekatalog vor allem brauchen: eine intakte Psyche!

Fragenkatalog

Assoziationsfragen
Serie ♣ 1
1. Was fällt dir zu Japan als Erstes ein?
2. Was verbindest du mit McDonald's?
3. Woran denkst du, wenn du New York hörst?
4. Was symbolisiert am besten die Liebe?
5. Welche Assoziation hast du mit Amerikaner?
6. Woran denkst du, wenn es um Elvis Presley geht?
7. Woran denkst du beim Stichwort Frieden?
8. Was kommt dir beim Stichwort Pferd in den Sinn?
9. Welche Assoziation hast du mit Franzose/Französin?
10. Was ist für dich typisch britisch?

Serie ♠ 2
1. Was ist dein erster Gedanke beim Stichwort Jesus Christus?
2. Woran denkst du zuerst, wenn du Tarzan hörst?
3. Was verbindest du mit amnesty international?
4. Was fällt dir als Erstes zu Gold ein?
5. Was verbindest du mit Bayern?
6. Was verbindest du mit WWW?
7. Was verbindest du mit Coca Cola?
8. Was verbindest du mit John F. Kennedy?
9. Woran denkst du, wenn von den 80er-Jahren die Rede ist?
10. Woran denkst du, wenn du Australien hörst? (Bitte nicht „Känguru" nennen)

Serie ♣ 3
1. Woran denkst du, wenn von den 60er-Jahren die Rede ist?
2. Welcher Kosename passt am besten für X? (eine allen Teilnehmern bekannte Person)
3. Welche Person aus dem antiken Griechenland kommt dir als erste in den Sinn?
4. Welches Wiener Symbol fällt dir als Erstes ein?
5. Welche Assoziation hast du bei dem Wort sexy?
6. Woran denkst du, wenn von den 50er-Jahren die Rede ist?
7. Was fällt dir zur Titanic ein?

8. Welches Adjektiv beschreibt für dich den typischen Deutschen?
9. Nenne den ersten Begriff, der dir zu Mittelalter einfällt.
10. Was ist deine erste Assoziation zum Stichwort Mozart?

Serie ♠ 4

1. Was verbindest du mit romantisch?
2. Woran denkst du beim Stichwort Spanien?
3. Woran denkst du, wenn von den 70er-Jahren die Rede ist?
4. Mit welchem Tier assoziierst du X? (eine allen Teilnehmern bekannte Person ist einzusetzen)
5. Was verbindest du mit Marilyn Monroe?
6. Welche Botschaft hat Jesus Christus für dich?
7. Woran denkst du beim Stichwort Goethe?
8. Welche Assoziation hast du, wenn von der Französischen Revolution die Rede ist?
9. Welche Assoziation ruft Asterix bei dir hervor?
10. Welche Gefühle hast du beim Gedanken an eine Spinne?

Serie ♠ 5

1. Was verbindest du mit dem Begriff Tennis?
2. Was sagt dir Alfred Hitchcock?
3. Nenne deinen ersten Einfall zur Idee des Kommunismus.
4. Was verbindest du mit der Oper?
5. Was fällt dir zu Doping ein?
6. Woran denkst du, wenn man vom alten Rom spricht?
7. Welche Assoziation hast du mit dem Schulgegenstand Englisch?
8. Welcher Film von Steven Spielberg fällt dir als erster ein?
9. Woran denkst du, wenn du Beatles hörst?
10. Welche Assoziation hast du bei dem Namen Einstein?

Serie ♠ 6

1. Was verbindest du am ehesten mit der Farbe grün?
2. Woran denkst du, wenn du den Namen Elvis hörst?
3. Was fliegt? (Bitte nicht „Flugzeug" aufschreiben)
4. Was verbindest du mit Dracula?
5. Was assoziierst du mit dem Wahrsagen?
6. Welche Idee kommt dir beim Stichwort Wilder Westen?
7. Was fällt dir zum Stichwort Schach ein?

8. Was verbindest du am ehesten mit der Farbe Rot? (Bitte nicht die „Liebe" nennen)
9. Welche typische Eigenschaft hat ein Franzose?
10. Was kommt dir beim Stichwort Venedig in den Sinn?

Serie ♠ 7
1. Welcher andere Ausdruck für sterben fällt dir spontan ein?
2. Was fällt dir zu Traum ein?
3. Was verbindest du mit dem Volkssport Fußball?
4. Was verbindest du am ehesten mit der Farbe Blau? (Bitte nicht den „Himmel" nennen)
5. Was fällt dir als erstes ein, wenn du das Wort Computer hörst?
6. Was fällt dir zu England spontan ein?
7. Welches Gift fällt dir als erstes ein?
8. Was verbindest du mit dem Islam? (Bitte nicht „Mohammed" nennen)
9. Was ist charakteristisch für die Schweiz? (Bitte nicht „Käse" nennen)
10. Woran denkst du beim Stichwort Cäsar?

Serie ♠ 8
1. Was verkörpert am besten den Frieden?
2. Was fällt dir zur Raumfahrt ein?
3. Welche Zusammensetzung mit dem Wort Spiegel kommt dir in den Sinn?
4. Was verbindest du mit dem Wort Wüste? (Bitte nicht „heiß" oder „Sahara" schreiben)
5. Nenne die erste Assoziation zum Kater Garfield.
6. Was verbindest du mit China?
7. Welche Assoziation hast du zu den Tropen?
8. Welcher Begriff aus der Steinzeit fällt dir spontan ein?
9. Welche Assoziation hast du beim Stichwort Karibik?
10. Was fällt dir zu Baum ein?

Serie ♠ 9
1. Woran denkst du, wenn von Hochzeit die Rede ist?
2. Welche Assoziation hast du beim Stichwort Zirkus?
3. Was ist charakteristisch für Wien?
4. Was verbindest du mit der Institution Tanzschule?
5. Was fällt dir zu Mac ein? (Bitte nicht „McDonald's" nennen)
6. Was assoziierst du mit unangenehmem Geruch?

7. Was fällt dir zur Rose ein?
8. Woran denkst du, wenn du New York hörst?
9. Was verbindest du mit Schottland?
10. Was fällt dir zur Uhr ein?

Serie ♠ 10

1. Welches Wort, in dem Baby vorkommt, fällt dir ein?
2. Woran denkst du, wenn du „Stille Nacht, heilige Nacht" hörst? (bitte nicht „Weihnachten" nennen)
3. An wen denkst du, wenn du Supermann hörst?
4. Woran denkst du beim Stichwort Kuss?
5. Was kommt dir in den Sinn, wenn du das Wort Horror hörst?
6. Welches Lied assoziierst du mit deiner Kindheit?
7. Was fällt dir zu Robinson Crusoe ein?
8. Welche Assoziation hast du mit dem Schulfach Mathematik?
9. Was verbindest du mit intelligent?
10. Welches erste Stichwort fällt dir zur katholischen Kirche ein?

Charakterfragen
Serie ♥ 1

1. Welche Eigenschaft schätzt du bei einem weiblichen Partner?
2. Welche Eigenschaft, die dir fehlt, hättest du gerne?
3. Wovor hast du am meisten Angst?
4. An welches Ereignis aus deiner frühen Kindheit kannst du dich noch erinnern?
5. Welche Eigenschaft schätzt du bei einem männlichen Partner?
6. Wovor ekelt dich am meisten?
7. In welchem Film hast du geweint – oder warst zumindest nahe dran?
8. Welche Automarke passt am besten zu dir?
9. Welche Farbe sollte in deinem Zimmer möglichst vermieden werden?
10. Welche Charaktereigenschaft schätzt du bei einem Mädchen/Jungen?

Serie ♥ 2

1. Was würdest du an deinem Körper verändern?
2. Welches Tier passt charakterlich am besten zu dir?
3. Nenne etwas, das du sexy findest.
4. Was bringt dir Unglück?

© Cornelsen Verlag Scriptor, Berlin • Die Fundgrube für Spiele • Psycho

5. Was könnte dir Todesangst bereiten?
6. Welche Art von Traumfantasie hast du zuletzt gehabt?
7. Welche Comicfigur beschreibt am besten deinen Charakter?
8. Welche Todesart würdest du wählen, wenn du zum Tode verurteilt wärest?
9. Was machst du in der Nacht, wenn du nicht schlafen kannst?
10. Um welches Thema ging es bei deinem letzten Streit?

Serie ♥ 3

1. Wenn du nur noch einen Tag zu leben hättest, was würdest du auf jeden Fall noch erledigen?
2. Welches ist dein Lieblingssternzeichen?
3. Welche Charaktereigenschaft würdest du gerne ablegen?
4. Welcher Kosename gefällt dir für dich selbst überhaupt nicht?
5. Welche Märchenfigur würdest du gerne sein?
6. Was bringt dir Glück?
7. Welches sind für dich die aktivsten Stunden des Tages?
8. Welcher Filmstar ist dir am ähnlichsten?
9. Welche Art von Erfolg ist wichtig für dein Leben?
10. Welche Musik hörst du, wenn du traurig bist?

Serie ♥ 4

1. Nenne ein persönliches Vorbild deines Lebens.
2. Was war heute morgen dein erster Gedanke?
3. Welches Highlight des Sports ist für dich unvergesslich?
4. Wodurch könntest du Gewicht verlieren?
5. In welcher Beziehung lässt du dich von Mitmenschen stark beeinflussen?
6. Wie möchtest du dein Geld verdienen, wenn du die freie Wahl hast?
7. Welches Getränk schmeckt dir am besten?
8. Welcher Gegenstand würde dich am besten charakterisieren?
9. Welche Sportart beherrschst du besonders gut?
10. Zu welcher Tageszeit siehst du am besten aus?

Serie ♥ 5

1. Was war für dich der glücklichste Moment in diesem Jahr?
2. Was ist dein größtes Lebensziel?
3. Welches Sternzeichen passt am besten zu deinem Charakter?

© Cornelsen Verlag Scriptor, Berlin • Die Fundgrube für Spiele • Psycho

4. Was gefällt dir an deiner Stadt am besten?
5. Wie lautet dein Lebensmotto?
6. Welche Qualität hat für dich der perfekte Abend?
7. In welches Tier würdest du dich für einen Tag verwandeln, wenn du die Chance hättest?
8. Zu welcher Tageszeit kommen dir die besten Einfälle?
9. Welcher Kosename wurde dir irgendwann verpasst?
10. Stell dir vor, wann du zuletzt im siebenten Himmel warst. Was war der Grund dafür?

Serie ♥ 6

1. Welches Kinderspielzeug hat dich am meisten geprägt?
2. Wie heißt der Titel des ersten Buches, das du gelesen hast?
3. Welcher Vorname würde am besten zu dir passen?
4. Welche Melodie sollte bei deinem Begräbnis gespielt werden?
5. Welche Eigenschaft sollte dein guter Freund/deine gute Freundin unbedingt haben?
6. Wie heißt deine persönliche Glückszahl?
7. Welche Charaktereigenschaft würde dich zu einem guten Lehrer befähigen?
8. Welches Fabeltier passt am besten zu dir?
9. Welchen Tanz würdest du gerne gut beherrschen?
10. Welches Kinderbuch hat dich am stärksten beeinflusst?

Serie ♥ 7

1. Bist du Bauch-, Rücken- oder Seitenschläfer? Oder sollte die Antwort gemixt lauten?
2. Vor welcher Aufgabe würdest du am liebsten davonlaufen?
3. Nenne einen Grund, weshalb du jemanden angebrüllt hast.
4. Welche Farbe passt am besten zu dir?
5. Bei welcher Gelegenheit könntest du erröten?
6. Bei welchem Spiel kannst du dich sehr ärgern?
7. Welches Sprichwort findest du persönlich als Lebenshilfe gut geeignet?
8. Auf welche Leistung in diesem Jahr bist du besonders stolz?
9. Welchen Beruf würdest du wählen, wenn du ganz frei in der Entscheidung wärst?
10. Welche Reaktion zeigst du, wenn du dich ärgerst?

© Cornelsen Verlag Scriptor, Berlin • Die Fundgrube für Spiele • Psycho

Serie ♥ 8

1. Wie alt würdest du am liebsten sein? Warum?
2. Was kann dich nervös machen?
3. Mit Menschen welcher Altersstufe kannst du am besten umgehen? (eigene Altersstufe ausgenommen)
4. Was tust du vor lauter Freude?
5. Welches Instrument, das du noch nicht spielst, würdest du am liebsten lernen?
6. Was geht dir bei einem Kind am ehesten auf die Nerven?
7. Wobei hast du dich zuletzt völlig frei gefühlt?
8. Welches Auto passt am besten zu deinem Typ?
9. Welche Erfindung hättest du am liebsten gemacht?
10. Wie reagierst du auf Stress?

Serie ♥ 9

1. Wie heißt deine Lieblingszahl?
2. Wie heißt deine Lieblingsfarbkombination? (zwei Farben)
3. Welcher Schulgegenstand sagt dir am wenigsten zu?
4. Welches Haustier würde dich am meisten erfreuen?
5. Welche Fremdsprache, die du nicht beherrschst, würdest du gerne lernen?
6. Welchen Comic würdest du auf eine einsame Insel mitnehmen?
7. Wie merkst du dir etwas am besten? (z. B. auf und ab gehen, laut lesen, vor dem Einschlafen memorieren etc.)
8. Was ist deine liebste Freizeitbeschäftigung?
9. Welche Leistung deines Lebens hat dich am meisten befriedigt?
10. Welchen Arzt möchtest du am wenigsten aufsuchen müssen?

Serie ♥ 10

1. Welche Speise magst du überhaupt nicht?
2. Was war der größte Verlust deines Lebens?
3. Welche Körperbewegung ist für dich charakteristisch?
4. Worüber kannst du herzlich lachen?
5. Wie heißt deine Lieblingsspeise?
6. Wie reagierst du, wenn dich jemand anschreit?
7. Über welches Thema ist es am schwersten, mit dir ins Gespräch zu kommen?
8. Was ist dein größter Wunsch?

9. Was verursacht bei dir Stress?
10. Welches Spiel bedeutet für dich die größte Herausforderung?

Sonstige Fragen
Serie ♣ 1
1. Welche Speise ist die absolute Nummer 1 auf deinem Menüplan?
2. Welche verstorbene Persönlichkeit würdest du gerne bei einer Zeitreise besuchen?
3. Wenn du auswandern müsstest, welches Land würdest du wählen?
4. Welchen Namen würdest du deiner erstgeborenen Tochter geben?
5. Welchen Namen würdest du deinem erstgeborenen Sohn geben?
6. Mit welchem Schauspieler würdest du gerne ausgehen?
7. Welches Wort würdest du statt Idiot gebrauchen, um einen wenig bemittelten Zeitgenossen zu beschreiben?
8. Welche japanische Tradition hat bei dir hohe Anerkennung?
9. In welcher Sommersportart wärst du am liebsten Olympiasieger?
10. Welcher Roman hat dich am meisten geprägt?

Serie ♣ 2
1. Wie heißt dein Lieblingsregisseur?
2. Abgesehen von den Augen, welcher Körperteil der Frau/des Mannes ist für dich sehr attraktiv?
3. Mit welcher Schauspielerin würdest du gerne einen Abend verbringen?
4. Welcher Comicfigur würdest du gerne begegnen?
5. Welches Haustier würdest du am ehesten halten? (Hund und Katze ausgenommen)
6. Wenn eine Zeitreise möglich wäre, welchem historischen Ereignis würdest du gerne als Zeitzeuge beiwohnen?
7. Welchem Politiker würdest du sicherlich kein Auto abkaufen?
8. Welcher angelsächsische Nachname hat für dich besondere Attraktivität?
9. In welcher Wintersportart würdest du am liebsten olympisches Gold gewinnen?
10. Welcher Film hat dich ungeheuer beeindruckt?

Serie ♣ 3
1. Welches Sprichwort kommt dir momentan in den Sinn? (Es genügt der Anfang ...)

© Cornelsen Verlag Scriptor, Berlin • Die Fundgrube für Spiele • Psycho

2. Welche Tageszeitung liest du gerne?
3. Welches Fernsehprogramm sollte man nicht versäumen?
4. Wie heißt dein Lieblingsspiel? (PSYCHO darf nicht genannt werden)
5. Welche Sportart scheint für dich die gefährlichste?
6. Welches Buch würdest du auf eine einsame Insel mitnehmen? (Aufenthalt mindestens zwei Monate)
7. Welches Pärchen ist dein Favorit? (z. B. Dick und Doof, Max und Moritz)
8. In welcher Kunst wärest du gerne Meister?
9. Was gefällt dir in einem Zirkus am besten?
10. Wohin sollte deine Hochzeitsreise gehen?

Serie ♣ 4

1. Welches Musikinstrument würdest du gerne gut spielen können?
2. Welche Sportart würdest du am wenigsten gern ausüben?
3. Welcher Mundartausdruck für Polizei wirkt auf dich eher abwertend?
4. Wie heißt dein Lieblingsmaler?
5. Welchen Namen würdest du auf keinen Fall tragen wollen?
6. Du öffnest eine Tür in ein Zimmer, hältst kurz inne – und schlägst die Tür wieder zu. Was ist dahinter?
7. Welche weibliche Filmfigur hat dich am meisten beeindruckt?
8. Welche Sportart ist im Fernsehen am langweiligsten?
9. Welche Wochen-/Monatszeitschrift hast du zuletzt gelesen?
10. Welches ist deine Lieblingsstadt? (Heimatstadt ausgenommen)

Serie ♣ 5

1. Wofür würdest du einen Riesenlottogewinn ausgeben? (nur ein „Kauf" ist zu nennen)
2. Welches Auto würdest du gerne fahren?
3. In welchem Film würdest du gerne die Hauptrolle spielen?
4. Welcher Sportler ist/war dein Vorbild?
5. In welcher historischen Epoche hättest du gerne gelebt?
6. Welche Persönlichkeit hat das 20. Jahrhundert am stärksten geprägt?
7. Was war gestern vor dem Einschlafen dein letzter Gedanke?
8. Warum glaubst du, gehen viele Mädchen und Jungen gerne zu zweit aufs Klo?
9. Was siehst du am liebsten im Fernsehen?
10. Welches Sternzeichen sollte dein Partner haben?

© Cornelsen Verlag Scriptor, Berlin · Die Fundgrube für Spiele · Psycho

Serie ♣ 6

1. Welche Filmgattung ist dein persönlicher Favorit? (z. B. Krimi, Liebesfilm, Abenteuer etc.)
2. Was siehst du, wenn du am Sonntag früh in den Spiegel schaust?
3. Welches Buch hast du zuletzt gelesen?
4. Welche Sportart kommt im Fernsehen optisch am besten rüber?
5. Welche Qualität sollte dein Traummann/deine Traumfrau haben?
6. Wie heißt dein Lieblingsvogel?
7. Warum glaubst du, wollen manche Mädchen gerne Jungen sein?
8. Welche männliche Filmfigur hat dich am meisten beeindruckt?
9. In welchem Land hast du deinen letzten Urlaub verbracht? (Heimatland ausgenommen)
10. Welche Erfindung hat die größte Bedeutung für die Menschheit gehabt?

Serie ♣ 7

1. Was, außer einem Buch, würdest du auf eine einsame Insel mitnehmen? (bitte nur eine Nennung)
2. Warum glaubst du, wollen manche Jungen gerne Mädchen sein?
3. Welches europäische Land findest du am sympathischsten? (außer deinem Heimatland)
4. Welche berühmte Person hat dir bereits die Hand geschüttelt?
5. Wie heißt dein Lieblingslied?
6. Welche Filmszene hat bei dir den größten Eindruck hinterlassen?
7. Welches ist das wichtigste Tier in der Werbung?
8. Welches ist dein Lieblingsgemälde? (Ungefähre Beschreibung genügt)
9. Wer ist für dich die schönste Frau der Welt? (Persönliche Bekannte ausgenommen)
10. Wie heißt dein Lieblingsbaum?

Serie ♣ 8

1. Wie heißt für dich der beste Regisseur der Filmgeschichte?
2. Wer ist für dich der Sportler des Jahrhunderts?
3. Welches Gebäude, das du noch nicht besucht hast, würdest du gerne sehen?
4. Wer ist für dich der schönste Mann der Welt? (Persönliche Bekannte ausgenommen)
5. Welche Marke ist deiner Meinung nach weltweit am bekanntesten?
6. Welcher Roman hat die größte Bedeutung für die Menschheit gehabt?

© Cornelsen Verlag Scriptor, Berlin • Die Fundgrube für Spiele • Psycho

7. Welches „Souvenir" des 20. Jahrhunderts würdest du als absolut wichtig einstufen? (z. B. Coca-Cola, Nescafé, Lego, Jeans, Antibabypille etc.)
8. Wie heißt deine Lieblingsblume?
9. Welche Lovestory der Geschichte interessiert dich am meisten?
10. Wie heißt dein liebstes Kartenspiel?

Serie ♣ 9

1. Wer war deiner Meinung nach der grausamste Herrscher der Geschichte?
2. Welche Nachricht hat bei dir den größten Schock ausgelöst?
3. Welcher Himmelskörper ist für dich der sympathischste?
4. Welches Auto hat die größte Auswirkung auf die Gesellschaft gehabt?
5. Welche Pizza isst du am liebsten?
6. Welche Figur aus einem Disneyfilm ist dir am liebsten?
7. Mit welchem/r Tennisspieler/in würdest du am ehesten ausgehen?
8. Wer ist für dich der beste Sänger/Liedermacher?
9. Wie reagierst du, wenn unvermutet die Kellertür hinter dir zufällt und du stundenlang allein eingesperrt bist?
10. Welcher Fisch schmeckt dir am besten?

Serie ♣ 10

1. Welches chinesische Sternzeichen ist dir am sympathischsten?
2. Welcher Fußballmannschaft gönnst du den Sieg in der Champions League? (keine Mannschaft aus dem eigenen Land)
3. Welchem Ereignis des 20. Jahrhunderts hättest du gerne beigewohnt?
4. Wie heißt der berühmteste Hund?
5. Welche Fernsehserie wird dir immer in Erinnerung bleiben?
6. Welchen jüdischen Vornamen würdest du deinem Kind geben?
7. Welche Erfindung hättest du am liebsten selbst gemacht?
8. Welche Hunderasse würde am besten zu X passen? (eine allen Mitspielern bekannte Person wird für X genommen)
9. Welches technische Gerät hat für dich die größte Bedeutung?
10. Bei welcher Gelegenheit ist für dich zuletzt die Zeit stehen geblieben?

Spielplan PSYCHO

QUIZSPIELE

Unter diesem Titel will ich Ihnen Spiele präsentieren, die einen mehr oder weniger starken Wissenscharakter haben. Als Prototyp wird das ehrwürdige STADT-LAND-FLUSS eingehend besprochen. Diese Spielform ist viel älter als der Begriff „Quiz" selbst. Dieser wurde in den Zwanzigerjahren in den USA kreiert, in Europa aber erst im Zeitalter des Rundfunks und des Fernsehens nach dem Zweiten Weltkrieg populär. Abgeleitet ist das Wort „Quiz" vom englischen Begriff „question" (dt. Frage, fragen). In meiner für den Unterricht konzipierten Version von STADT-LAND-FLUSS werden diese Fragen aber nicht von einem Quizmaster an einen oder mehrere Teilnehmer gestellt, sondern alle Mitspieler arbeiten gleichzeitig an verschiedensten Wissensgebieten.

Eine moderne und etwas tiefere Form des Spiels STADT-LAND-FLUSS ist das aus dem Angelsächsischen stammende FACTS IN FIVE, das streng zeitlimitiert den Teilnehmern mehrere Wissensgebiete gleichzeitig abverlangt.

Ganz anders aufgebaut ist der LISTENZAUBER, bei dem die Spieler zu einem bestimmten Buchstaben unter großem Zeitdruck Beispiele finden müssen.

Eine für Historiker reizvolle Quizform ist ZEITNISCHEN, ein Spiel, bei dem Sie Ereignisse der Weltgeschichte richtig einordnen müssen. Keine Angst, auch hier spielt das Glück eine nicht unbeträchtliche Rolle. Das vielleicht turbulenteste Spiel überhaupt in dieser Sammlung ist eine vom kommerziell vertriebenen OUTBURST abgeleitete Variante. In manchen Spielrunden versteht man tatsächlich das eigene Wort nicht mehr, wegen der schier überschwappenden Begeisterung der Mitspieler.

Den Abschluss dieses Kapitels macht eine sehr direkte Quizform, die im Klassenzimmer in unterschiedlichen Varianten präsentiert werden kann. Wer wird bei Ihnen zum Quizkönig gekürt?

OUTBURST

Spielerzahl: 2 bis 30+
Gruppenzusammensetzung: altersmäßig homogen
Alter: ab 10 (je nach Schwierigkeitsgrad)
Dauer: ab 30 Minuten (variabel)
Glück/Können (insgesamt 10 Punkte) – 5:5
Entstehungszeit: 1988
Autor: nach einer Idee von Brian Hersch
Unterrichtsgegenstand: Alle Fächer (abgestimmt durch spezielle Themenlisten)
Material: Themenlisten (174 Kärtchen zu den Themen Wissen, Assoziation und Sprache), ca. 80 Zählmarken in zwei Farben, Sanduhr oder Stoppuhr, Spielkarten

Das explosive Tempo-Spiel
Wenn Sie die Nerven haben, wenigstens eine halbe Stunde lang Tohuwabohu und schrille Stimmen zu ertragen, sind Sie bei OUTBURST gerade richtig. Mir ist kein turbulenteres Spiel bekannt. Der Grund dafür ist, dass bei OUTBURST immer fünfzig Prozent aller Mitspieler gleichzeitig versuchen, ihr Wissen anzubringen. Am besten, Sie suchen sich schnellstmöglich einen Assistenten. Garantieren kann ich aber für Bombenstimmung im Klassenzimmer. Dazu kommt, dass Sie die Themenlisten sehr persönlich auf Ihren Gegenstand abstimmen können. OUTBURST hat daher einen nicht geringen Lerneffekt.

Spielziel
Die beiden Teams müssen versuchen, jeweils zehn Begriffe zu einem Thema zu erraten.

Spielvorbereitung
Bilden Sie 2 Mannschaften, die in engem Pulk beisammen sitzen. Die Spielerzahl muss nur ungefähr übereinstimmen. Um Ihre Nerven ein wenig zu schonen, sollten Sie auch in jeder Mannschaft gleich vorweg einen Sprecher festlegen. Die Mannschaften bekommen je 20 Zählmarken in unterschiedlicher Farbe (in das Depot). Falls die Zeit sehr knapp ist, kann das Depot auch auf 12 oder 15 Zählmarken reduziert werden.

Spielablauf

Der Spielleiter liest ein Thema vor, und beide Gruppen haben die Möglichkeit, mit den Zählmarken um das Spielrecht zu steigern. Eine Gruppe beginnt, indem der Sprecher 3 bis 10 Marken in die Tischmitte legt. Damit gewinnt die Mannschaft momentan das Spielrecht und verpflichtet sich, innerhalb einer Minute die entsprechende Zahl von Begriffen des aktuellen Themas zu nennen. Die zweite Mannschaft muss mindestens zwei Marken in den Pott bringen, kann aber auch den Spieleinsatz erhöhen und damit ihrerseits das Spielrecht erwerben. Dies geht im Pingpong-Stil weiter, bis eine Mannschaft nicht mehr erhöhen möchte. Sobald die Versteigerung zu Ende ist, wird die Sanduhr gekippt und das eigentliche Spiel geht los. Die Mannschaft, die die Versteigerung gewonnen hat, muss in einer Minute möglichst viele Begriffe der Themenliste nennen. Der Spielleiter hakt die richtigen Nennungen ab, der Sprecher der anderen Mannschaft kontrolliert. Die nächste Spielrunde wird von der Mannschaft eingeleitet, die die Versteigerung verloren hat.

Serien

Die Themen sind in Serien eingeteilt, mit den Schwerpunkten Wissen, Assoziation und Sprache.

Spielende

Wenn eine Mannschaft keine Zählmarken mehr hat.

Depot

Beide Mannschaften versuchen, alle gegnerischen Zählmarken entweder in ihr Depot oder gänzlich aus dem Spiel zu bringen. Ersteres ist möglich, wenn es einer Mannschaft gelingt, ihr Gebot tatsächlich zu erfüllen, indem die entsprechende Zahl der Begriffe genannt wird. Die Mannschaft bekommt die eigenen eingesetzten Marken zurück, zudem aber auch die Hälfte der gegnerischen Zählmarken (aufgerundet, d. h. bei drei Marken Einsatz bekommt die erfolgreiche Mannschaft zwei). Alle gewonnenen Zählmarken, auch die des Gegners, kommen ins eigene Depot. Die überzählige Hälfte der gegnerischen Zählmarken wird beiseite gelegt und ist damit aus dem Spiel. In jeder Spielrunde wird damit die Gesamtzahl der Zählmarken mindestens um eins verringert. Wird dagegen vom aktiven Team die gebotene Zahl verfehlt, bekommt die gegnerische Mannschaft ihren Einsatz zurück, das eigene Gebot dagegen ist gänzlich aus dem Spiel. Optional kann auch vereinbart werden,

dass die Hälfte der Spielmarken des gescheiterten Gebots an die zuschau-
ende Mannschaft geht. Das Spiel wird dadurch insgesamt deutlich verlän-
gert.

Letzter Einsatz

Hat eine Mannschaft weniger Spielmarken im Depot, als der Einsatz der
Gegner ausmacht, darf dieser letzte Einsatz für ein beliebig hohes Gebot herangezogen werden.
Beispiel: Mannschaft A hat 4 Spielmarken im Depot, Mannschaft B bietet
„fünf". A darf nun „sechs" bieten, obwohl der reale Einsatz nur 4 Spielmarken beträgt. Ebenso könnte auf eine Steigerung auf „sieben" mit „acht" geantwortet werden.

Bemerkungen

OUTBURST lebt vom hektischen Herausschreien der Geistesblitze, die alle
Spieler innerhalb dieser einen Minute des eigentlichen Spiels haben. Manchmal ist es kaum möglich, schnell genug die richtigen Nennungen abzuhaken.
Daher ist es günstig, auf die Worte des Sprechers zu achten, der sozusagen
die Ideen bündelt. Ganz wichtig bei OUTBURST ist eine gewisse Großzügigkeit in der Regelauslegung. Herausgerufene Worte, die unverständlich sind,
können nachträglich nicht reklamiert werden. Falls Sie an ganz speziellen
Themen Interesse haben, können Sie mit diesem Spielprinzip praktisch jede
erdenkliche Liste selbst erstellen. Der Zeitaufwand ist relativ gering. Wichtig ist es auch, die Gebotsphase zügig abzuwickeln. Die Mannschaften sollen
nicht durch langwierige Beratungen vorweg abchecken, wie viele Antworten sie zu einem Thema zusammentragen können. Dies würde den Spielreiz
deutlich mindern, da gerade OUTBURST stark vom Tempo lebt.
Die Auswahl der Fragen kann dem Zufallsprinzip überlassen werden, indem
Sie einfach Kärtchen ziehen. Bei jüngeren Schülern sollten Sie aber die eine
oder andere Frage ausschließen und den Schwierigkeitsgrad genau auf die
Klasse abstimmen.

Taktische Hinweise

- Der Sprecher der Mannschaft sollte unbedingt versuchen, die Antworten
  zu bündeln.
- Eine Minute kann auch lang sein, wenn die Schüler sich die Zeit gut ein-
  teilen. Statt in den ersten Sekunden alle Antworten loswerden zu wollen,
  ist es besser, wenn sie einige Augenblicke warten und Ideen sammeln.

Dadurch vermeiden sie die ewigen Wiederholungen der gleichen Begriffe.

■ Beim Steigern ist es wichtig, nicht allzu wagemutig vorzugehen. Man kann auch gewinnen, wenn man nur Zuschauer ist und die Gegner am voraus gesagten Gebot scheitern.

■ Bluffen Sie die Gegner, provozieren Sie ein zu hohes Gebot. Dadurch räumen Sie Zählchips ganz ohne Risiko ab.

■ Bedenken Sie, dass Sie auch beim Zuschauen mindestens zwei Zählchips verlieren. Es sei denn, Sie spielen mit der optionalen Variante, die Ihnen die halben Spielmarken der gescheiterten Gegner einbringen.

Varianten

Die folgende, für Gruppen bis zu acht Personen geeignete Variante hat einen sehr wettbewerbsorientierten Charakter, wenn auch das Glück eine nicht unbeträchtliche Rolle spielt.

COUNTDOWN OUTBURST

Jeder Mitspieler bzw. jede Gruppe von Spielern startet mit einem fiktiven Konto von 12, 15 oder 20 Punkten, je nachdem, wie lange das Spiel dauern soll. Reihum müssen die Spieler ein Themengebiet bewältigen. Die Leistung wird daran gemessen, wie gut die „Nachbarn" ihre Aufgabe lösen.

Beispiel: Spieler A schafft bei seinem Thema 6 Antworten, Spieler B nur 4. Spieler B verliert 2 Punkte. Gelingen Spieler C in der Folge 8 Antworten, muss Spieler B weitere 4 Punkte abschreiben. Jeder Teilnehmer ist daher von seinen beiden direkten Sitznachbarn abhängig. Der letzte Spieler in der Reihe wird automatisch Nachbar von Spieler A.

Gespielt wird so lange, bis nur ein Spieler übrig bleibt. Dieser hat damit gewonnen. COUNTDOWN OUTBURST weist einen sehr hohen Glücksfaktor auf, da ein oder zwei schwierige Themenkreise sofort ein Ausscheiden bewirken. Aber gerade diese Tatsache trägt zur großen Spannung dieser Variante bei.

Machen Sie sich auf turbulente Stunden gefasst.

Themenlisten

Die angeführten Themenlisten sind eine kleine Auswahl der vielfältigen
Möglichkeiten, konzipiert für alle Altersstufen ab 10 Jahren.

GESCHICHTE US-Präsidenten	GESCHICHTE Österr. und deutsche Politiker	GESCHICHTE Erfindungen
Bush	Waldheim	Telefon
Washington	Schmidt	Glühbirne
Nixon	Adenauer	Buchdruck
Kennedy	Brandt	Uhr
Reagan	Merkel	Morseapparat
Roosevelt	Kohl	Schiffsschraube
Eisenhower	Haider	Dieselmotor
Lincoln	Schröder	Dampfmaschine
Carter	Stoiber	Computer
Jefferson	Kreisky	Taucherglocke

GESCHICHTE Politische Ämter	GESCHICHTE Griechisch-röm. Götter	GESCHICHTE Germanische Stämme
Bundeskanzler	Jupiter	Langobarden
Bundespräsident	Zeus	Awaren
Innenminister	Amor	Ostgoten
Außenminister	Venus	Westgoten
Vizekanzler	Aphrodite	Burgunder
Bürgermeister	Merkur	Bajuwaren
Bezirksvorsteher	Apoll	Franken
Staatssekretär	Poseidon	Alemannen
Unterrichtsminister	Neptun	Sachsen
Gesundheitsminister	Mars	Angeln

GESCHICHTE Entdecker	RELIGION Bibelgestalten	GESCHICHTE Berühmte Kriege/ Schlachten
Amundsen	Eva	Zweiter Weltkrieg
Kolumbus	Adam	30-jähriger Krieg
Cook	Jakob	Waterloo
Vespucci	Kain	Vietnam
Magellan	Abel	Golfkrieg
Vasco da Gama	Abraham	US-Bürgerkrieg
Cortez	Jesus	Erster Weltkrieg
Scott	Moses	100-jähriger Krieg
Nansen	Josef	Perserkriege
Tasman	Maria	Koreakrieg

GESCHICHTE Griechische Persönlichkeiten	GEOGRAFIE Europäische Sprachen	WIRTSCHAFT Ausdrücke aus der Wirtschaft
Pythagoras	Französisch	Bruttolohn
Perikles	Englisch	Primärer Sektor
Sophokles	Schwedisch	Inflation
Alexander	Baskisch	Verbraucherpreisindex
Homer	Gälisch	Angebot
Eratosthenes	Dänisch	Nachfrage
Thales von Milet	Tschechisch	Preis
Aristoteles	Ungarisch	Steuer
Sokrates	Finnisch	Börse
Platon	Spanisch	Zoll

GEOGRAFIE Österreichische Städte	GEOGRAFIE Flüsse der Erde	GEOGRAFIE Staaten Asiens
St.Veit/Glan	Amazonas	Pakistan
Dornbirn	Nil	Malaysia
Kufstein	Kongo	Indien
Hallein	Wolga	Südkorea
Wels	Indus	Japan
Mariazell	Rhein	Israel
Oberwart	Lena	Iran
Krems	Jangtsekiang	Afghanistan
Villach	Mississippi	Bangladesch
Kapfenberg	Thames	Thailand

GEOGRAFIE Wahrzeichen Europas	GEOGRAFIE Österreichische Seen	GEOGRAFIE Inseln
Eiffelturm	Wörthersee	Großbritannien
Brandenburger Tor	Klopeinersee	Kuba
Atomium	Neusiedlersee	Madagaskar
Stephansdom	Attersee	Neuguinea
Kolosseum	Traunsee	Borneo
Goldenes Dachl	Mondsee	Grönland
Schiefer Turm	Ossiachersee	Sumatra
Akropolis	Faakersee	Malta
Big Ben	Bodensee	Sizilien
Hradschin	Zellersee	Korsika

GEOGRAFIE	WIRTSCHAFT	VERSCHIEDENES
Rund um den Globus	**Währungen**	**Werkzeuge**
Südpol	Dollar	Hammer
Geografische Länge	Euro	Zwinge
Breitengrad	Rubel	Sichel
Meridian	Yen	Zange
Äquator	Franken	Bohrer
Nordpol	Pfund	Schraubenzieher
Nördlicher Wendekreis	Forint	Feile
Ozean	Rupie	Stemmeisen
Südlicher Wendekreis	Krone	Meißel
Schiefe der Ekliptik	Real	Hobel

GEOGRAFIE	GEOGRAFIE	BIOLOGIE
Deutsche Städte	**US-Bundesstaaten**	**Nagetiere**
Berlin	Washington	Eichhörnchen
Erfurt	Florida	Hase
München	Alaska	Kaninchen
Hamburg	Nevada	Feldmaus
Stuttgart	Colorado	Ratte
Magdeburg	Hawaii	Biber
Leipzig	Georgia	Hamster
Dresden	Texas	Zobel
Dortmund	Minnesota	Nerz
Bonn	Utah	Marder

GEOGRAFIE	GEOGRAFIE	BIOLOGIE
Staaten Afrikas	**Berge & Gebirge**	**Bäume**
Kongo	Himalaya	Zeder
Südafrika	Montblanc	Affenbrotbaum
Kenia	Großglockner	Sequoia
Liberia	Zugspitze	Fichte
Kamerun	Anden	Buche
Äthiopien	Atlas	Eiche
Nigeria	Kilimandscharo	Eukalyptus
Algerien	Chimborazo	Pinie
Uganda	Mt. McKinley	Tanne
Mali	Vesuv	Kiefer

BIOLOGIE **Blumen**	WISSENSCHAFT **Mathematiker**	GESCHICHTE **Freiheitskämpfer**
Rose	Archimedes	Jeanne d'Arc
Nelke	Euklid	Wilhelm Tell
Glockenblume	Thales von Milet	Andreas Hofer
Tulpe	Galilei	Giuseppe Garibaldi
Veilchen	Adam Riese	Che Guevara
Sonnenblume	Leibniz	Simon Bolivar
Aster	Newton	Martin Luther King
Leberblümchen	Moebius	Mahatma Gandhi
Edelweiß	Déscartes	Nelson Mandela
Enzian	Gauß	Lech Walesa

BIOLOGIE **Wassertiere**	MEDIENWELT **Schauspieler/innen mit Doppelinitialen**	RELIGION **Biblische Stätten**
Blauwal	Claudia Cardinale	Babylon
Delphin	Brigitte Bardot	Berg Sinai
Hai	Marilyn Monroe	Jerusalem
Goldfisch	Ronald Reagan	Jericho
Muräne	Klaus Kinski	Bethlehem
Aal	Greta Garbo	Rotes Meer
Hecht	Silvester Stallone	Ägypten
Lachs	Melina Mercouri	See Genezareth
Frosch	Robert Redford	Sodom und Gomorrha
Seestern	Gustaf Gründgens	Kanaan

WISSENSCHAFT **Raumschiffe & Satelliten**	VERSCHIEDENES **Chinesische Sternzeichen**	SPORT **Formel I-Weltmeister**
Challenger	Ratte	Jackie Stewart
Voyager	Büffel	Mario Andretti
Apollo	Hase	Michael Schumacher
Sojus	Tiger	Jochen Rindt
Giotto	Drache	Niki Lauda
Sputnik	Schlange	Alain Prost
Explorer	Ziege	Nelson Piquet
Gemini	Pferd	Ayrton Senna
Eagle	Affe	Juan Manuel Fangio
Discovery	Hund	Graham Hill

SPRACHGESCHICHTE **Worte aus indianischen Sprachen**	RELIGION **Berühmte Kirchen**	BIOLOGIE **Süßwasserfische**
Tomahawk	Petersdom	Zander
Squaw	Nôtre Dame	Forelle
Mustang	Mailänder Dom	Aal
Kanu	Sacré Cœur	Hecht
Skalp	Stephansdom	Wels
Palaver	St. Paul's Cathedral	Karpfen
Mokassin	La Sagrada Familia	Stör
Manitu	Frauenkirche	Stichling
Totem	Basiliuskathedrale	Piranha
Wigwam	Kölner Dom	Barsch

VERSCHIEDENES **„Unechte" Tiere (z. B. Amtsschimmel)**	SPORT **Begriffe aus dem Golfsport**	LITERATUR **Literaturnobelpreisträger**
Sparschwein	Par	Albert Camus
Bücherwurm	Birdie	Ernest Hemingway
Pleitegeier	Bogey	Hermann Hesse
Drahtesel	Eagle	John Steinbeck
Lockvogel	Bunker	William Golding
Leseratte	Green	Gabriel Garcia Márquez
Tontaube	Fairway	Günter Grass
Autoschlange	Caddie	Gerhart Hauptmann
Wasserhahn	Driving Range	Thomas Mann
Angsthase	Handicap	George Bernard Shaw

WIRTSCHAFT **Länder mit Kaffeeanbau**	MEDIENWELT **Musicals**	BIOLOGIE **Komplex, Phobie, Manie**
Brasilien	Hello Dolly	Ödipuskomplex
Mexiko	Cats	Höhenangst
Kolumbien	Hair	Klaustrophobie
Indonesien	Elvis	Kleptomanie
Venezuela	Phantom der Oper	Pyromanie
Kenia	Jesus Christ Superstar	Hypochondrie
Jamaika	Rocky Horror Picture Show	Megalomanie
Bolivien	Westside Story	Minderwertigkeitskomplex
Nicaragua	Evita	Nymphomanie
Elfenbeinküste	Les Miserables	Erotomanie
Vietnam		

SPORT **Meistercup/Champions** **League-Sieger**	**VERSCHIEDENES** **Berühmte Hunde**	**VERSCHIEDENES** **„Supermänner"**
Real Madrid	Lassie	Rambo
Ajax Amsterdam	Rin Tin Tin	Superman
Borussia Dortmund	Pluto	Atlas
Bayern München	Snoopy	Herkules
Benfica Lissabon	Idefix	James Bond
Manchester United	Leika	Arnold Schwarzenegger
Olympique Marseille	Zerberus	Jesus Christ Superstar
CF Barcelona	Susi und Strolch	Tarzan
AC Milan	Rantanplan	Goliath
Juventus Turin	Hund von Baskerville	Batman

LITERATUR **Berühmte Kinder-** **bücher**	**MEDIENWELT** **Sciencefictionfilme**	**VERSCHIEDENES** **Körperteile von Tieren** **im übertragenen Sinn**
Max und Moritz	E.T.	Gänsefüßchen
Momo	Blade Runner	Eselsohr
Gullivers Reisen	Metropolis	Schafskopf
Harry Potter	Fahrenheit 451	Katzenzungen
Struwwelpeter	Star Trek	Hasenfuß
Pippi Langstrumpf	2001 Odyssee im Welt-	Tigerauge
Räuber Hotzenplotz	raum	Affenzahn
Hatschi Bratschi Luft-	Time Machine / Zeit-	Rehrücken
ballon	maschine	Gänsehaut
Dschungelbuch	Umheimliche Begegnung	Hühnerauge
Grimms Märchen	der 3. Art	
	Kampfstern Galactica	
	Alien	

GEOGRAFIE **Indianerstämme Nord-** **amerikas**	**MEDIENWELT** **Berühmte Komiker**	**PHYSIK** **Gase**
Comanchen	Louis de Funes	Knallgas
Apachen	Marx Brothers	Tränengas
Cheyenne	Buster Keaton	Methan
Navajo	Charlie Chaplin	Propan
Cree	Monty Python	Senfgas
Hopi	Jerry Lewis	Helium
Blackfeet	Stan Laurel	Erdgas
Shawnee	Oliver Hardy	Neon
Cherokee	Bob Hope	Kohlenmonoxid
Mohawks	Otto Waalkes	Lachgas

VERSCHIEDENES Jüdische Vornamen	MUSIK Komponisten	GESCHICHTE Historische Gestalten aus dem Wilden Westen
Simon	Wagner	Billy the Kid
Jakob	Tschaikowskij	Wyatt Earp
Daniel	Brahms	Doc Holiday
Rebecca	Weber	David Crockett
Sarah	Lortzing	Wild Bill Hickock
David	Ravel	General Custer
Samuel	Mahler	Daltons
Tobias	Puccini	Buffalo Bill
Rachel	Verdi	Calamity Jane
Judith	Liszt	Jesse James

SPORT Europäische Autorenn- strecken	SPORT Fußball WM-Veranstal- ter	GESCHICHTE Frühere englische Kolonien
Le Castellet	Uruguay	Indien
Nürburgring	Italien	Australien
Monza	Frankreich	Neuguinea
Zeltweg	Brasilien	Sudan
Zandvoort	Schweiz	Malediven
Hockenheim	Schweden	Gibraltar
Brands Hatch	Chile	Neuseeland
Silverstone	England	Bermudas
Le Mans	Mexiko	Ägypten
Hungaroring	Deutschland	Bahamas

BIOLOGIE Insekten	LITERATUR Berühmte Detektive	VERSCHIEDENES Sprichworte
Floh	Guido Brunetti	Wer andern eine Grube ...
Termite	Sherlock Holmes	Der Apfel fällt nicht weit ...
Libelle	Miss Marple	Lügen haben kurze Beine
Biene	Hercule Poirot	Man soll den Tag nicht ...
Schmetterling	Perry Mason	Wer den Groschen nicht
Ameise	Nick Knatterton	ehrt ...
Fliege	Philip Marlowe	Viele Köche verderben ...
Laus	Sam Spade	Eine Schwalbe macht ...
Heuschrecke	Pater Brown	Wer zuletzt lacht ...
Mücke	Mike Hammer	Lieber den Spatz ...
		Morgenstund hat Gold ...

BIOLOGIE	**SPORT**	**RELIGION**
Hunderassen	**Orte der Olympischen**	**Papstnamen**
Collie	**Winterspiele**	Innozenz
Neufundländer	St. Moritz	Leo
Dobermann	Lake Placid	Urban
Bobtail	Oslo	Gregor
Cocker-Spaniel	Cortina d'Ampezzo	Silvester
Pekinese	Squaw Valley	Benedikt
Chihuahua	Innsbruck	Pius
Bernhardiner	Grenoble	Paul
Chow-Chow	Sapporo	Alexander
Deutscher Schäferhund	Garmisch-Partenkirchen	Sixtus
	Calgary	

MUSIK	**GEOGRAFIE**	**LITERATUR**
Songs der Beatles	**Griechische Inseln**	**Werke von Shakespeare**
Yesterday	Naxos	Romeo und Jula
All you need is love	Paros	Othello
Let it be	Santorin	Macbeth
Yellow submarine	Kreta	Hamlet
Lady Madonna	Rhodos	Richard III.
Hey Jude	Lesbos	Ein Sommernachtstraum
Help	Korfu	King Lear
Lucy in the sky with dia-	Mykonos	Julius Caesar
monds	Ios	Viel Lärm um nichts
Penny Lane	Kefalonia	The Tempest/Der Sturm
Love me do		

VERSCHIEDENES	**LITERATUR**	**LITERATUR**
Lateinische Sprüche	**Amerikanische Schrift-**	**Fabeltiere**
Alea iacta est	**steller**	Sphinx
Ora et labora	Edgar Allan Poe	Phönix
Cogito ergo sum	Ernest Hemingway	Minotaurus
In vino veritas	Tennessee Williams	Einhorn
Veni vidi vici	Jack London	Zerberus
Errare humanum est	Arthur Miller	Greif
In dubio pro reo	Mark Twain	Drache
Mens sana in corpore	Truman Capote	Basilisk
sano	James Michener	Pegasus
Scio me nihil scire	James Fenimore Cooper	Seejungfrau
Si tacuisses, philosophus	Thornton Wilder	
mansisses		

BIOLOGIE	VERSCHIEDENES	GEOGRAFIE
Infektionskrankheiten	**Abstraktes, nach Perso-**	**Geologische Forma-**
Aids	**nen benannt (z.B. Achil-**	**tionen**
Pocken	**lesferse)**	Kambrium
Grippe	Tantalusqualen	Silur
Cholera	Hiobsbotschaft	Devon
Typhus	Sisyphusarbeit	Karbon
Malaria	Pyrrhussieg	Perm
Hepatitis	Damoklesschwert	Trias
Syphilis	Gretchenfrage	Jura
Lepra	Ödipuskomplex	Kreide
Tuberkulose	Hippokratischer Eid	Tertiär
	Salomonisches Urteil	Quartär
	Freudscher Versprecher	

MEDIENWELT	VERSCHIEDENES	VERSCHIEDENES
Berühmte Western	**Personen, die ermordet**	**Berühmte Pferde**
Django	**wurden**	Jolly Jumper
Rio Bravo	Franz Ferdinand	Trojanisches Pferd
Little Big Man	John F. Kennedy	Pegasus
Die glorreichen Sieben	Julius Caesar	Rosinante
Vera Cruz	Abraham Lincoln	Fury
High Noon	John Lennon	Black Beauty
Spiel mir das Lied vom	Indira Gandhi	Rih
Tod	Mahatma Gandhi	Das weiße Rössl
Für eine Handvoll Dollar	Olof Palme	Lippizaner
The Searchers	Martin Luther King	Hatatitia
Stagecoach	Salvador Allende	

GEOGRAFIE	RELIGION	VERSCHIEDENES
Bodenschätze	**Ritter- und Mönchs-**	**Böhmische Familien-**
Gold	**orden**	**namen**
Nickel	Malteser	Travnicek
Silber	Johanniter	Havlicek
Kupfer	Karmeliter	Nowotny
Salz	Franziskaner	Wessely
Bauxit	Dominikaner	Navratil
Erdgas	Jesuiten	Pospischil
Uran	Trappisten	Swoboda
Diamanten	Zisterzienser	Dvorak
Kohle	Kartäuser	Nowak
	Benediktiner	Prochaska

Napoleon	Mozart	Das alte Rom
Waterloo	Salieri	Sklaven
St. Helena	Eine kleine Nachtmusik	Nero
Elba	Constanze	Quo vadis
Russlandfeldzug	Köchelverzeichnis	Gladiatoren
Joséphine	Amadeus	Kolosseum
Wellington	Mozartkugeln	Toga
Kaiser der Franzosen	Salzburg	Cäsar
Korse	Die Zauberflöte	Orgien
Bonaparte	Mozarteum	Romulus und Remus
Hand in der Jacke	Wunderkind	Thermen

Man kann verlieren	Gummi	Zirkus
Haare	Reifen	Manege
Glaube	Gummibärchen	Seiltänzer
Hoffnung	Kondom	Trapez
Gesicht	Kaugummi	Elefanten
Fassung	Gummiknüppel	Jongleur
Orientierung	Radiergummi	Dressur
Gedächtnis	Kautschuk	Salto Mortale
Wette	Gummiring	Clowns
Prozess	Gummibaum	Artisten
Vertrauen	Gummistiefel	Circus Krone

Uhr	Liebe	Wüste
Swatch	Küssen	Kamel
Seiko	Amor	Oase
Nürnberger Ei	Romeo und Julia	Düne
Innere Uhr	Sex	Sahara
Stress	Herz	Lawrence von Arabien
Stunde null	Eifersucht	Hitze
Schweiz	... macht blind	Karawane
Quarz	... auf den ersten Blick	Fata Morgana
Zeituhr	Rote Rosen	Nomaden
Sanduhr	Käuflich	Gobi

Monaco	New York City	Mond
Grand Prix	Brooklyn	Vollmond
Grimaldi	Central Park	Neumond
Cote d'Azur	World Trade Center	Halbmond
Caroline	Broadway	Erdtrabant
Gracia Patricia	Empire State Building	Neil Armstrong
Steuerparadies	Wall Street	Mondsüchtig
Spielcasino	Skyline	Mondgesicht
Jachthafen	Manhattan	Monat
Monte Carlo	Freiheitsstatue	Mann im Mond
Fürstentum	Woody Allen	Gezeiten

Diät	Un-/Glücksbringer	Englisches Mittelalter
Fasten	Schwarze Katze	Rosenkriege
Anorexia	Freitag der 13.	Richard Löwenherz
Friss die Hälfte	Vierblättriger Klee	Magna Charta
Sauna	Schornsteinfeger	König Arthur
Stress	Spiegel zerbrechen	William the Conqueror
Sex	Glücksschweinchen	Thomas Becket
Schlafkur	Hufeisen	Canterbury Tales
Sport	Spinne am Morgen	Robin Hood
Abführmittel	Unter einer Leiter gehen	Black Prince
Bulimie	Daumen halten	Hundertjähriger Krieg
Fasching	**Wien**	**Schach**
Mainz	Schloss Schönbrunn	Remis
Krapfen	Riesenrad	Rochade
Karneval in Rio	Stephansdom	Patt
Venedig	Wiener Blut	Gambit
Rosenmontag	Fiaker	Fischer
Faschingsdienstag	Der dritte Mann	Kasparov
Konfetti	Heuriger	Schachuhr
Maskenball	Kaffeehäuser	Schachnovelle
Faschingsgilden	Wienerlieder	Schachcomputer
Verkleidung	Habsburger	Eröffnung
Hexen	**Traum**	**Karibik**
Walpurgisnacht	REM-Phase	Dominikanische Republik
Besen	Schlafwandeln	Palmen
Hänsel und Gretel	Traumdeutung	Weißer Sand
Hexenschuss	Freud	Kokosnuss
Hexeneinmaleins	Unterbewusstsein	Limbo
Inquisition	Albtraum	Kreuzfahrt
Hexenverbrennung	Tagtraum	Jamaica
Schwarzer Rabe	Fliegen	Blaues Meer
Madame Mim	„I have a dream" (King)	Antillen
Salem	Fantasie	Tauchen
Islam	**Venedig**	**England**
Ramadan	Rialtobrücke	Bobbies
Harem	Tauben	Pubs
Verschleierte Frauen	Karneval	Queen
Moschee	Gondoliere	Five o'clock tea
Kaaba	Markusplatz	Fish and chips
Koran	Donna Leon	Regen
Mekka	Canale Grande	Kricket
Mohammed	Seufzerbrücke	Windsor
Kismet	Dogenpalast	Links fahren
Dschihad	Inspektor Brunetti	Dog races

Berlin	Holz	Gehirn
Brandenburger Tor	Wurm	Hirn mit Ei
Reichstag	Baum	Brainstorming
Berliner Mauer	Jahresringe	Gehirnerschütterung
Hertha BSC	Späne	Einstein
Unter den Linden	Möbel	Graue Zellen
Willy Brandt	Sägewerk	Hirngespinst
Spree	Regenwald	Alzheimer
Ku-Damm	Tischler	IQ
Wannsee	Brennstoff	EEG
Checkpoint Charlie	Papier	Gedächtnis
Schweiz	**Niederlande**	**Regen**
Rütlischwur	Amsterdam	Regenbogen
Wilhelm Tell	Tulpen	Singin' in the rain
Kuckucksuhr	Deiche	Vom Regen in die Traufe
Neutralität	Holzschuhe	England
Schweizer Garde	Windmühlen	Aquaplaning
Bernhardiner	Grachten	Regenschirm
Banken	Marschen	Gummistiefel
Schokolade	Rembrandt	Wolkenbruch
Matterhorn	Käse	Monsun
Rätoromanisch	Anne Frank	Gewitter
Pokern	**Alles, was fliegt**	**Schallplatte**
Poker face	Fliegender Holländer	Cover
Royal Flush	Teppiche	Goldene Schallplatte
Full House	Vögel	Rillen
Bluff	Männer (auf Frauen)	Shellackplatte
Escalero	Schlechte Schüler	Kratzer
Strip Poker	Ballon	LP
Gezinkte Karten	Pollen	Single
Las Vegas	Untertassen	Plattenspieler
Ass im Ärmel	Fliegende Fische	Grammophon
Spielchips	Trapezkünstler	Wurlitzer
Judentum	**Hochzeit**	**Wahrsagen**
Israel	Trauzeuge	Orakel
Kibbuz	Flitterwochen	Kaffesatz
Thora	Hochzeitsmarsch	Nostradamus
Davidstern	Ja-Wort	Auguren
Talmud	Kirche	Glaskugel
Sabbat	Eheringe	Delphi
Rabbiner	Standesamt	Karten legen
Klagemauer	Polterabend	Aus der Hand lesen
Jerusalem	Schwiegereltern	Zigeuner
Synagoge	Hochzeitsnacht	Miraculix

D/-BAUCH- im Wort	D/-ALI- im Wort	D/BON- Wortbeginn
Bauchlandung	Alimente	James Bond
Bauchredner	Kalium	Bonus
Bauchspeicheldrüse	Kaliber	Bonjour
Bauchfell	Aligator	Bonbon
Wasserbauch	Alibi	Bonaparte
Bierbauch	Bali	Bonn
Bauchtanz	Halali	Bonanza
Bauchfleck	Caligula	Bonität
Schiffsbauch	Kalifornien	Bonsai
Bauchladen	Talisman	Bonze

D/GOLD- Wortbeginn	D/BLUT- Wortbeginn	D/WASSER- Wortbeginn
Goldregen	Blutzucker	Wasserwaage
Golden Delicious	Blutbuche	Wasserbett
Goldfisch	Blutgericht	Wassermelone
Goldhamster	Blutschande	Wasserleiche
Golden Gate Bridge	Blutegel	Wasserscheide
Goldenes Zeitalter	Blutvergiftung	Wasserzeichen
Goldenes Horn	Bluterguss	Wasserstoffbombe
Goldfinger	Blutwurst	Wasserschutzgebiet
Golda Meir	Blutorange	Wasserkraftwerk
Goldmarie	Blutdruck	Wasserhahn

D/-KREIS- im Wort	D/E/-GREEN- im Wort	D/SPIEL- Wortbeginn
Teufelskreis	Greenhouse Effekt	Spieluhr
Wendekreis	Greenhorn	Spielzeug
Kreisky	Gretna Green	Spielmann
Kreislauf	Greensleeves	Spielraum
Tierkreiszeichen	Evergreen	Spieltisch
Freundeskreis	Putting Green	Spielzeit
Kreisverkehr	Greenpeace	Spielkarte
Kreissäge	Greenwich	Spielschuld
Wahlkreis	Greenback (US-Geld)	Spielteufel
Umkreis	Greenwich Village	Spieltrieb

D/-WURM- im Wort	D/-ZWEI- im Wort	D/-ROCK- im Wort
Ohrwurm	Zweikampf	Tarock
Bücherwurm	Stefan Zweig	Rocky Mountains
Wurmloch	H2O	Trocken
Spulwurm	Zweitwohnung	Unterrock
Bandwurm	Zweifel	Rock'n' Roll
Lindwurm	Zweigstelle	Rockefeller
Glühwürmchen	Zweigleisig	Brockhaus
Wurmfortsatz	Zweideutig	Barock
Regenwurm	Kurzweil	Minirock
Holzwurm	Zweistellig	Rocky

D/POP- Wortbeginn	D/BLAU- im Wort	D/-EISEN- im Wort
Popkonzert	Blausäure	Steigeisen
Popcorn	Der Blaue Engel	Hufeisen
Popstar	Blaualgen	Eisenherz
Populär	Blaue Grotte	Eisenhower
Popper	Blaue Mauritius	Ameisenbär
Popocatepetl	Blaues Blut	Heißes Eisen
Popeye the Sailor	Blaubart	Reibeisen
Popo	Blauer Montag	Reisen
Pop Art	Blaulicht	Gusseisen
Popmusik	Blaubeere	Bügeleisen

D/-INE Wortende	D/-BAND- im Wort	D/-STEIN Wortende
Limousine	Bandnudeln	Frankenstein
Sardine	Bandit	Zahnstein
Marine	Jazzband	Kieselstein
Margarine	Tonband	Bernstein
Kantine	Fließband	Meilenstein
Lawine	Bandwurm	Grabstein
Apfelsine	Verband	Ziegelstein
Routine	Bandage	Hinkelstein
Latrine	Bildband	Gallenstein
Beduine	Bandscheibe	Baustein

D/TELE- Wortbeginn	D/KATA- Wortbeginn	D/-WELT Wortende
Telekinese	Katamaran	Tierwelt
Telepathie	Katar	Fachwelt
Telegramm	Katakomben	Traumwelt
Telefon	Katastrophe	Männerwelt
Teleskop	Katalog	Scheinwelt
Telemachos	Katalysator	Umwelt
Telemann	Katarrh	Halbwelt
Television	Katalonien	Unterwelt
Telemark	Katapult	Außenwelt
Teleobjektiv	Katafalk	Pflanzenwelt

D/KREUZ- Wortbeginn	D/-BALL im Wort	D/-MARK- im Wort
Kreuzzug	Ballyhoo	Markstein
Kreuzritter	Ballerina	Stenmark
Kreuzotter	Schneeball	Telemark
Kreuzfahrt	Ballkleid	Markise
Kreuzverhör	Golfball	Markomannen
Kreuzfeuer	Ballistik	Briefmarke
Kreuzspinne	Ballett	Dänemark
Kreuzung	Ballade	Knochenmark
Kreuzworträtsel	Ballast	Markus
Kreuzigung	Ballon	Binnenmarkt

D/ZEIT- Wortbeginn	D/HALB- Wortbeginn	D/AUTO- Wortbeginn
Zeitwort	Halbwertszeit	Autonomie
Zeitbombe	Halbstarke	Autorität
Zeitgeist	Halbedelstein	Autodidakt
Zeitzeuge	Halbzeit	Autogramm
Zeitausgleich	Halbgott	Autor
Zeitrechnung	Halbleiter	Autobahn
Zeitmesser	Halbton	Autosuggestion
Zeitgenosse	Halbinsel	Autobiografie
Zeitlupe	Halbblut	Autopsie
Zeitgeschichte	Halbaffe	Automat

D/Wortfeld „GEHEN"	D/WELT- Wortbeginn	D/-SIEBEN- im Begriff
Hüpfen	Weltergewicht	Siebenmeilenstiefel
Hinken	Weltanschauung	7 auf einen Streich
Laufen	Weltrekord	Die 7 Zwerge
Sprinten	Weltenbummler	Siebenschläfer
Rasen	Weltkugel	Siebenbürgen
Kriechen	Weltraum	Die 7 Geißlein
Joggen	Weltreich	Im siebenten Himmel
Schleichen	Weltuntergang	James Bond 007
Torkeln	Weltkrieg	Das verflixte 7. Jahr
Schlendern	Weltwunder	Die sieben Weltwunder

D/Zeitwörter mit –ß-	D/-BETT- im Wort	D/BUCH- Wortbeginn
Schießen	Bettnässer	Buchfink
Schließen	Wasserbett	Buchmacher
Beißen	Bettina	Buchmesse
Reißen	Gitterbett	Bucht
Heißen	Flussbett	Buchsbaum
Gleißen	Nagelbett	Buchstaben
Fließen	Bettruhe	Buchhaltung
Grüßen	Himmelbett	Buchdruck
Büßen	Bettgeflüster	Buchwert
Spaßen	Bettler	Buchhandlung

D/-LAUS- im Wort	D/-LUST- im Wort	D/-TIER- im Wort
Lausanne	Lustbarkeit	Tierkreiszeichen
Klaus	Sallust	Nagetier
Applaus	Wollust	Stier
Reblaus	Lustknabe	Stofftier
Klausur	Lustspiel	Rentier
Klausthaler	Balustrade	Tierarzt
Blausäure	Verlust	Tierschutzverein
Plausibel	Illustration	Untier
Nikolaus	Lustschloss	Tiergarten
Filzlaus	Kampfeslust	Musketier

E/Parts of a house	E/Words containing -oo-	E/Film genres
Window	Good	Horror
Attic	Afternoon	Thriller
Door	Book	Comedy
Cellar	Soon	Action
Bedroom	Blood	Cartoon
Kitchen	Roof	Documentary
Roof	Moon	Detective film
Chimney	Room	Musical
Living-room	Cook	Family film
Stairs	Poor	Western

E/Classroomobjects	E/Sports	E/-OVER- im Wort
Sponge	Skiing	Pullover
Satchel	Football	Rollover
Board	Swimming	Overdrive
Desk	Ice-hockey	Overkill
Book	Baseball	Overhead
Rubber	Roller-skating	Range Rover
Ruler	Basketball	Dover
Overhead projector	Table-tennis	Discovery
Picture	Cycling	Cover
Chair	Horse-riding	Overall

E/Clothes	E/Irregular verbs	E/Adjectives
Cap	Buy	Beautiful
Coat	Sell	Boring
Blouse	Choose	Sad
Trousers	Hit	Silly
Jumper	Go	Glad
Socks	Do	Tiny
Stockings	See	Big
Scarf	Forget	Tall
Anorak	Ring	Expensive
Shirt	Think	Little

E/Hobbies	E/Animals	E/Professions
Painting	Donkey	Architect
Collecting stamps	Monkey	Teacher
Table tennis	Eagle	Dentist
Chess	Guinea-pig	Farmer
Horse-riding	Bee	Nurse
Football	Elephant	Sailor
Reading	Horse	Bus-driver
Computer games	Turtle	Mechanic
Skiing	Ox	Manager
Dancing	Butterfly	Cook

© Cornelsen Verlag Scriptor, Berlin • Die Fundgrube für Spiele • Outburst

STADT-LAND-FLUSS

Spielerzahl: 2 bis 30+
Gruppenzusammensetzung: altersmäßig homogen
Alter: ab 10 (je nach Schwierigkeitsgrad)
Dauer: ab 10 Minuten (variabel)
Glück/Wissen-Können (insgesamt 10 Punkte) – 2:8 (variabel)
Entstehungszeit: spätestens um 1860
Autor: unbekannt, diese Version Hugo Kastner
Englischer Name: „Categories" oder „Guggenheim"
Unterrichtsgegenstand: Alle Fächer (abgestimmt durch spezielle Themenwahl)
Material: Spielplan, Themenkatalog, evtl. Alphabetkärtchen

München-Mexiko-Mosel
Kaum ein Spiel wird unter Schülern öfter gespielt als STADT-LAND-FLUSS. Braucht man doch gerade hier wirklich nichts außer Papier und Bleistift, und natürlich all sein „Wissen". Wann und wo diese Quizform entstanden ist, bleibt wohl für immer verborgen, aber vermutlich hat sie sich aus den Eltern-Kinder-Fragespielen („Nenne mir ein Tier mit M" oder „Kennst du fünf Sachen zum Essen mit G?") im Laufe der Zeit herauskristallisiert. Sicher ist jedenfalls, dass CATEGORIES bereits im viktorianischen England des 19. Jh.s mit Leidenschaft gespielt wurde.

Spielziel
Sie müssen zu einzelnen Themenkreisen schnellstmöglich Lösungsbeispiele finden.

Spielvorbereitung
An dem oberen oder linken Rand eines Blattes Papier werden verschiedene Themenbereiche geschrieben, zu denen dann mit bestimmten Buchstaben Wörter gefunden werden müssen. Ich spiele immer mit 9 Themen. Reihum darf jeder Spieler ein Thema vorschlagen. Sollte ein Vorschlag von der Mehrheit der Mitspieler abgelehnt werden, so darf der betreffende Spieler einen Ersatzvorschlag machen. Wird auch dieser abgelehnt, verfällt das Recht der Auswahl für den Vorschlagenden. Eine ausführliche Liste mit Themen finden Sie am Ende dieser Spielanleitung.

Beispiel:
Stadt – Land – Fluss – Sport – Blume – Währung – Essbares – Roman (ohne Artikel) – Things in the classroom

Wahl des Buchstabens

Ein Spieler ruft „A" und läuft dann gedanklich das Alphabet durch. Sobald „Stopp" gerufen wird, nennt der Spieler den gerade gedachten Buchstaben und das Spiel beginnt. Eine andere Möglichkeit sind Alphabetkärtchen.

Spielablauf

Alle Mitspieler schreiben so schnell sie können zu jedem Thema ein Wort mit dem betreffenden Buchstaben. Die Runde dauert so lange, bis ein Spieler „Stopp" ruft, weil er alle – mindestens acht – Rubriken ausgefüllt hat. Dann werden seine Lösungswörter vorgelesen und mit den einzelnen Schülern bzw. Schülergruppen verglichen. Gleichzeitig erfolgt die Wertung. Falls nach 5 Minuten kein „Stopp" erfolgt, wird die Runde vom Spielleiter beendet und die Wertungsphase eingeleitet.

Wertung

Hat ein Schüler oder eine Schülergruppe im Spielplan die gleiche Lösung wie der Stopp-Rufer, werden für das Lösungswort 5 Punkte eingetragen, ansonsten bringt jede Antwort 10 Punkte. In der Klasse erfolgt dieser Vergleich am besten dadurch, dass bei einer identischen Antwort eines Schülers die Hand gehoben wird. Die Gesamtpunktezahl für den betreffenden Buchstaben wird in einer eigenen Spalte (rechts oder unten) notiert. Der Stopp-Rufer bekommt jedoch mindestens 5 Punkte mehr als der beste Mitspieler, egal, welche Lösungswörter er gewählt hat (d.h. auch wenn er nur 5er-Wörter in seinem Tableau hat). Sollte ein Stopp-Rufer ein falsches Wort anbieten, wird dieses einfach gestrichen und der Rufer bekommt für die aktuelle Runde null Punkte. Damit wird verhindert, dass absichtlich oder unabsichtlich die Bedenkzeit abgekürzt wird. Der Rufer kann außerdem einen Bonus von 10 Punkten schreiben, sofern er 9 richtige Wörter aufweisen kann (ein Rufen bei 8 reicht keinesfalls für diesen Bonus). Pro Runde sind daher 100 Punkte möglich. Falls der Spielleiter die Runde beenden musste, bekommt jeder Schüler pro Eintragung 8 Punkte, ohne dass die Lösungswörter verglichen werden. Gespielt wird auf 6, 8 oder 10 Durchgänge, mit jeweils verschiedenen Buchstaben. Die Gesamtpunktezahl entscheidet über Sieg oder Niederlage.

Showdown

Sobald alle Lösungswörter verglichen sind, stehen alle Schüler auf und der Stopp-Rufer (oder der Spielleiter) beginnt mit dem Raufzählen in Fünfersprüngen (5 – 10 – 15 – 20 – 25 – etc.). Wird beim Zählen der Punktewert, den ein Schüler erreicht hat, überschritten, setzt der Schüler sich sofort hin. Dadurch wird mit Spannung die beste Leistung für die Spielrunde ermittelt.

Bemerkungen

Die vorliegende Version hat einen großen Vorteil gegenüber den Standardvarianten. Es kann sehr individuell der Themenbereich abgesteckt werden, und jeder Spieler kann seine persönliche Spielstärke feststellen, was wieder die Möglichkeit eines Handicaps eröffnet. Nach einer bestimmten Zahl von Runden etwa könnte ein Spieler feststellen, dass er im Durchschnitt einen Punktwert von, sagen wir, 65 erzielt. Hat ein Gegner durchschnittlich nur 55 Punkte, ein anderer sogar nur 52, so darf mit entsprechender Vorgabe gespielt werden (10 bzw. 13 Punkte pro Runde). Diese wird für jede Runde dem jeweils schwächeren Spieler zu seinem Punktwert dazugeschlagen. Bei der Handicapberechnung zählt selbstverständlich nur der tatsächlich erreichte Punktewert. Auch die Option, bereits mit 8 Antworten „Stopp" zu rufen und damit auf den Bonus zu verzichten, ermöglicht eine sehr persönliche Spielanlage. In jedem Fall muss, wie bei vielen Quizspielen, eine gewisse Großzügigkeit in der Auslegung gelten. Hier wird vom Spielleiter einiges an Fingerspitzengefühl verlangt.

Taktische Hinweise

Bei STADT-LAND-FLUSS ist zur eigenen Nervenberuhigung einiges zu beachten.

- Zunächst sollten Sie schnell die sicheren Antworten niederschreiben.
- Vermeiden Sie, falls Zeit bleibt, die offensichtlichsten Lösungen, sie bringen vielleicht nur 5 Punkte.
- Sollte Ihnen das neunte Wort nicht gleich einfallen, ist es meist besser, auf den Bonus zu verzichten.
- Denken Sie während des Niederschreibens nie an Ihr Handicap, an die Zeit, an alles, was Sie an voller Konzentration hindern könnte.
- Gedanklich Buchstabenkombinationen („Ab ...", „Am ...", „As ...") zu formen, hilft enorm bei der Suche nach passenden Wörtern.
- Schlagen Sie nur Themenbereiche vor, bei denen Sie auch unter Zeitdruck zu den meisten Buchstaben ein Beispiel nennen können.

Varianten

STADT-LAND-FLUSS kann mit 5 bis 20 Kategorien gespielt werden, es ergeben sich in jedem Fall durchaus attraktive Tableaus. In manchen Spielrunden wird eine feste Bedenkzeit vereinbart, was ich aber nur bei einer großen Zahl von Kategorien (ab 15) für sinnvoll halte. Interessant aber ist eine alternative Art der Punktewertung: 2 Punkte pro richtiger Eintragung, 1 Punkt, wenn auch ein Mitspieler die gleiche Eintragung gemacht hat, aber 3 Punkte, wenn keinem Mitspieler eine Eintragung in der betreffenden Kategorie gelungen ist.

Beispiel (3 Runden):

			Stopprufer			
Stadt	Dresden	10	München	5	Saarbrücken	5
Land	Deutschland	5	Mexiko	5	Schweden	5
Fluss	Donau	5	Mosel	10	---	
Mädchenname	Diana	10	Maria	5	Simone	10
Beruf	Dreher	10	Maurer	5	Schlosser	5
Säugetier	---		Moschusochse	10	~~Schwertfisch~~	
Berühmte						
Persönlichkeit	---		Mao-Tse-tung	10	---	
Charakterzug	Dumm	10	Müde	10	Schläfrig	10
Pflanze	Dattelpalme	10	Meerrettich	10	Stechpalme	10
		60		*70*		*45*

Themenkatalog

Dieser Abschnitt soll nur als kleine Anregung dienen. Je nach Teilnehmerfeld und Spielstärke wird sich eine Kategorie (fett gedruckt) oder Subkategorie anbieten. Selbstverständlich können auch ganz individuelle Themen herangezogen werden.

GEOGRAFIE
Berg
Fluss
Geografische Merkmale
Himmelskörper
Insel
See
Staat: Asien, Europa, Amerika, Afrika
Stadt: Europa, außerhalb Europas, Deutschland, Österreich
US-Bundesstaat
Wahrzeichen Europas

NATUR/BIOLOGIE
Blume
Fisch
Insekt
Organ des menschlichen Körpers
Pflanze: Baum, Busch, Frucht, Gemüse
Säugetier: Haustier, Nagetier, Raubtier
Vogel

PERSONEN
Film: weiblicher/männlicher Schauspieler, Filmregisseur
Künstler: Maler, Comiczeichner, Dichter
Historische Persönlichkeit: Politiker, Erfinder, griechische/römische
    Persönlichkeit
Erfundene Figur: Märchen, Comiccharakter
Heiligengestalt: Bibelgestalt
Musiker: Popgruppe, Komponist, Sänger, Sängerin

Politiker: Deutscher, Österreichischer, Europäischer, US-Präsident
Sportler: Fußballer, Leichtathlet, Skirennläufer, Tennisspieler, Formel
1-Fahrer
Schriftsteller oder Dichter: Deutscher, Amerikanischer/Englischer, Andere
Sprachen

PERSÖNLICHES
Beruf
Charaktereigenschaft
Frucht
Getränk
Kleidungsstück
Krankheit
Name: Männlicher/weiblicher Vorname

SPORT
Ausdrücke rund um: Tennis, Fußball, Formel 1
Sportart: Ballsportart, Olympische Sportart
Sportartikel
Sportstadion
Tanz
Vereinsname: Fußball (ohne FC)

SPRACHE – DEUTSCH
Präposition
Wortfeld „gehen"
Wortfeld „sprechen"
Wort endend auf: ...heit, ...lich, ...ion, ...z, ...keit, ...el, ...schaft, ...ung, ...in
Wort, das einen Doppelbuchstaben enthält: AA, BB, FF, LL, MM, NN, PP, RR,
SS, TT

SPRACHE – ENGLISCH
Englische Wortart: Eigenschaftswort, Zeitwort, unregelmäßiges Zeitwort
Englische Zeitwörter mit: A und B und C, D und E und F (beliebige

Kombinationen)

Englische Familiennamen

In English: Animals, Clothes, Parts of a house, Professions, Sports, Things in
the classroom

VERSCHIEDENES

Automarke

Bodenschätze

Chemisches Element

Erfindung

Europäische Sprache

Gott: griechischer, römischer

Lied (ohne Artikel)

Maßeinheit

Mathematischer Ausdruck

Musikrichtung

Spiel

Transportmittel

Titel: Buch, Film, Theaterstück, Oper (jeweils ohne Artikel)

Volksstamm: Germanischer Stamm, Indianerstamm

Waffe

Währung

Werkzeug

Wirtschaftlicher Begriff

Zeitschrift/Zeitung

ZUM/ZUR ... GEHÖRIG

Auto

Badezimmer

Computer

Haus

Kirche

Küche

Urlaub

Wald

„VERWENDET ...":
VERWENDET WIRD ES BEIM ...
Abend essen
Babysitten
Garten gestalten
Golfen
Haus bauen
Kochen
Lernen
Malen und Zeichnen
Musizieren
Schach spielen
Ski laufen
Schreiben
Karten spielen
Tennis spielen

Stadt-Land-Fluss ist nicht zu Unrecht eines der beliebtesten Spiele im Klassenzimmer – ein wahrer Evergreen.

Spielplan STADT-LAND-FLUSS

FACTS IN FIVE

Spielerzahl: 2 bis 30+
Gruppenzusammensetzung: altersmäßig homogen
Alter: ab 10 (je nach Schwierigkeitsgrad)
Dauer: ab 15 Minuten (variabel)
Glück/Wissen-Können (insgesamt 10 Punkte) – 2:8 (variabel)
Entstehungszeit: 60er-Jahre
Autor: unbekannt
Unterrichtsgegenstand: Alle Fächer (abgestimmt durch spezielle Themenwahl)
Material: Spielplan, Sanduhr, evtl. Alphabetkärtchen, Themenkatalog

Fünf Minuten – eine kleine Ewigkeit
Sowohl das traditionelle STADT-LAND-FLUSS als auch das clever ausge-
lotete FACTS IN FIVE wurden als Spiele vermarktet. Letzteres in den
60er-Jahren bei der Firma 3M. In beiden Fällen darf zum Produkt durchaus gratuliert werden. Ich will Ihnen aber meine Klassenzimmer-Vari-
ante auch in diesem Fall nicht vorenthalten. Neben dem hohen Unterhal-
tungswert bietet sie die Möglichkeit, Rekordergebnisse zu erzielen und
Handicaps einzuräumen. Jedenfalls darf FACTS IN FIVE ohne Übertreibung als eine Perle des Quizspiels bezeichnet werden.

Spielziel
In fünf Minuten versucht jeder Spieler, für möglichst jedes Wissensgebiet je
ein Wort mit bestimmten Anfangsbuchstaben zu finden.

Vorbereitung
Der Spielleiter gibt verschiedene Themengebiete vor (siehe STADT-LAND-
FLUSS). Die einzelnen Spieler können aus diesen Gebieten auswählen. Alter-
nativ kann aber auch die Themenauswahl analog zu STADT-LAND-FLUSS
erfolgen. Die gewählten Gebiete werden nebeneinander in die oberste Zeile
eines Rasters (als Spaltenüberschriften) eingetragen. Danach werden 5
Buchstaben aus einem Stapel (mit Buchstabenkarten) gezogen und in eine
Spalte eingetragen, sodass ein 5 x 5-Raster entsteht. Dabei sind Q, X und Y
auf einem Kärtchen zusammengefasst, dafür gibt es eigene Kärtchen für ST
und SCH. Außerdem werden in Kreuzwortmanier die Ä als AE, die Ö als OE

und die Ü als UE angesehen. Sollten solche Kärtchen (selbst gefertigt!) nicht aufliegen, kann selbstverständlich wie bei STADT-LAND-FLUSS von „A" weg durchgezählt werden. Oder Sie als Spielleiter legen einfach die Buchstaben fest.

Wertung

Nach Ablauf der Zeit kontrolliert jeweils der links sitzende Mitspieler die Antworten im Spielplan. Sehr ausgeklügelt ist die Abrechnung. Die Zahl der waagrechten Eintragungen wird mit sich selbst multipliziert und das Ergebnis in einer eigenen Spalte vermerkt (d.h. bei drei richtigen Antworten bekommt man 9 Punkte). Ebenso verfährt man bei den senkrechten Spalten. Beide Werte werden addiert und ergeben die Gesamtpunkte des Spielers. „Spezialwissen" (senkrecht) und „Allgemeinwissen" (waagrecht) können hier differenziert abgelesen werden. Das maximale Ergebnis liegt bei 250 Punkten.

Bemerkungen

Bei genauerer Betrachtung gibt es, abgesehen von der Zählweise, einen gravierenden Unterschied zwischen STADT-LAND-FLUSS und FACTS IN FIVE, nämlich den Zeitfaktor. Beim ursprünglichen Spiel bestimmt nämlich der beste Spieler das Tempo, bei FACTS IN FIVE sind alle Runden gleich lang. Dies kommt natürlich manchen Schülern mehr entgegen. Außerdem spielt bei der genauen Zeitvorgabe das „Wissen" eine etwas stärkere Rolle. Aber alles in allem bleibt die Entscheidung, welches dieser beiden Quizspiele als Lehrer man wählt, wohl Geschmacksache.

Taktische Hinweise

- Bei FACTS IN FIVE bringen neun richtige Eintragungen verschieden viele Punkte, je nachdem, wie sie platziert sind. (3 x 3 Reihen = 54 Punkte, 1 x 5 + 1 x 4 = 58 Punkte). Versuchen Sie daher eher, einige Spalten beziehungsweise Zeilen vollständig auszufüllen, anstatt viele nur halb.
- Ebenso sollten Sie versuchen, bei FACTS IN FIVE die Schwerpunkte dort zu setzen, wo Sie Ihre Stärken haben. Wer also bei Komponisten viel weiß, sollte vielleicht zunächst dort alle fünf „auslöschen".
- Volle Konzentration ist wie bei allen Spielen auf Zeit unbedingte Voraussetzung für den Erfolg.
- Wer zu viel von Thema zu Thema und von Buchstabe zu Buchstabe springt, erreicht kaum Topergebnisse.

Varianten

1. Beim Verlesen der Antworten wird jede gestrichen, die von mehr als einem Spieler aufgeschrieben wurde. Sie fällt aus der Rasterwertung. Für ganze Klassen würde ich diese Zählweise allerdings nicht empfehlen.
2. Handicaps sind dann sinnvoll, wenn zwischen den Spielpartnern ein großes Ungleichgewicht herrscht. Möglich wären etwa 25 Punkte, d. h. 5 x 5, oder 16 Punkte (4 x 4), d. h. eine Fünfer- oder eine Viererreihe.
3. Die Auswahl der Themen kann auch dadurch erfolgen, dass etwa bei vier Teams jedes vier Themen erdenkt, die es auf einen Zettel schreibt. Die Zettel werden dann reihum weitergereicht und jedes Team streicht auf jedem Zettel ein Gebiet, bis es seinen eigenen Vorschlag (mit einem nicht gestrichenen Thema) wieder erhält. Daraus ergeben sich vier Wissensgebiete. Das fünfte wird aus den Gestrichenen gelost.

Beispiel:

	Maler	*dt. Sportler*	*Comic*	*Blume*	*Autofirma*		
B	Brueghel	Beckenbauer	Bodo	Begonie	BMW	25	
ST	---	Stein	---	Stief-mütterchen	---	4	
M	Miró	Matthäus	---	Mai-glöckchen	Mazda	16	65
F	Friedrich	Fischer	Felix	---	Fiat	16	
L	---	---	--	Lilie	Lancia	4	
	9	16	4	16	16		
				61			126

Themenkatalog: Siehe STADT-LAND-FLUSS.

Sie werden erstaunt sein, wie kurz fünf Minuten sein können. Vielleicht erfinden Sie bald „Facts in Twenty-five". Es wäre Ihnen nicht zu verdenken.

Spielplan FACTS IN FIVE

Themen						Punkte
Punkte						Total
						Punkte
						Punkte
						Punkte
						Punkte
						Punkte
Buch-staben						

LISTENZAUBER

Spielerzahl: 2 bis 30+
Gruppenzusammensetzung: altersmäßig homogen, beliebig in der Handicapvariante
Alter: ab 10 (je nach Schwierigkeitsgrad)
Dauer: ab 5 Minuten (variabel)
Glück/Wissen (insgesamt 10 Punkte) – 2:8 (variabel)
Entstehungszeit: um 1965
Autor: Hugo Kastner sen.
Unterrichtsgegenstand: Alle Fächer (abgestimmt durch spezielle Themenwahl)
Material: Themenkatalog, Sanduhr oder Timer

Ein Spiel für den gemütlichen Spaziergang
Wenn Sie nur wenige Minuten Zeit haben, keine Vorbereitungsarbeit durchführen konnten und eine ganze Klasse unterhalten müssen, dann sind Sie mit LISTENZAUBER bestens bedient. Sehr amüsant, einfach, jederzeit spielbar und trotzdem herausfordernd, das ist die passende Charakterisierung. Sie sind außerdem an keine Gruppengröße gebunden, denn LISTENZAUBER lässt zu zweit genauso viel Spaß aufkommen wie bei 30 Mitspielern. Die Themenwahl ist ebenso völlig frei, daher darf dieses Spiel wahrlich als fächerübergreifend bezeichnet werden.

Spielziel
Zwei Gruppen suchen zu einem bestimmten Buchstaben eines Themas möglichst viele Begriffe. Bei seltenen Anfangsbuchstaben sollte auf Buchstabenblöcke gespielt werden.

Spielablauf
Die Klasse wird in zwei Gruppen geteilt, wobei für einen spannenden Spielablauf nicht unbedingt die gleiche Schüleranzahl notwendig ist. Ein Thema wird ausgewählt und ein Buchstabe durch den Spielleiter vorgegeben.
Das Spiel fällt nun in zwei Phasen:
Pingpong-Phase: Innerhalb von jeweils maximal zehn Sekunden werden abwechselnd („ping pong") von beiden Gruppen so lange Beispiele genannt, bis einer Gruppe nichts mehr einfällt.

Countdown-Phase: Nun darf innerhalb einer Spielminute („Countdown" durch Sanduhr oder Timer) jede Gruppe weitere Begriffe zum gewählten Thema und Buchstaben nennen. Die andere Gruppe bestätigt mit O.K. oder kontert mit einem eigenen Begriff. Das heißt, eine Gruppe kann zwar durchaus drei, vier oder mehr Begriffe in Serie nennen (nach dem jeweiligen O.K.), allerdings nicht, ohne den Gegnern die Chance eingeräumt zu haben, ihrerseits ein Beispiel zu finden. Mit jedem korrekten Vorschlag beginnt eine neuer Minuten-Countdown. Das Spiel endet wenn: (1) eine Minute ohne neuen Vorschlag verstreicht, (2) eine Mannschaft aufgibt (etwa bei uneinholbarem Rückstand).

Timeout

Der Spielleiter kann jederzeit ein Timeout nehmen, um Unklarheiten eines Begriffs abzuklären oder Wiederholungen aufzuzeigen. Jedenfalls sollte er in diesem Fall bei der Zeitnehmung der restlichen Sekunden großzügig verfahren. Entscheidungen des Spielleiters sind endgültig, auch wenn sich nachträglich herausstellt, dass ihm ein Fehler unterlaufen ist.

Wertung

Jeder Begriff, den eine Mannschaft mehr nennt als der Gegner, zählt einen Punkt. Allerdings sind maximal 3 Punkte pro Spiel möglich, auch wenn der Vorsprung vier, fünf oder mehr Begriffe ausmacht. In der Gesamtwertung wird auf 9 Punkte gespielt.

Beispiel: Thema Staaten der Erde, Buchstabe M

Pingpong-Phase:	*Gruppe A*	*+/-*	*Gruppe B*
	Madagaskar		*Malta*
	Mali		*Malediven*
	Mexiko		*Mauretanien*
	Mazedonien		

Countdown-Phase:
beginnt mit +1 für A, da B einen Begriff weniger genannt hat.

	Malawi	*+2*	
			O.K.
	Mosambik	*+3*	

		O.K.
Mongolei	+4	
	+3	Mikronesien
O.K.		
	+2	Monaco
O.K.		
	+1	Mauritius
Marokko	+2	O.K.

Eine Minute verstreicht ... Gruppe A gewinnt mit 2 Punkten.

Bemerkungen

LISTENZAUBER ist genial einfach zu spielen und deckt dennoch ein enorm großes Feld unterschiedlichster Themen ab. Vorbereitungs- oder Eingewöhnungszeit gibt es nicht, dafür wird vom Spielleiter ziemlich großes Fingerspitzengefühl verlangt, sowohl bei der Themenwahl als auch bei der Zeitnehmung. Die 10 Sekunden der Pingpong-Phase müssen möglichst genau eingehalten werden, keinesfalls aber darf es zu pedantisch starrer Zeitnehmung kommen. Auch Doppelnennungen von Begriffen müssen aufgedeckt werden, was etliche Timeouts verlangt und dadurch den Spielfluss beeinträchtigt. Je sicherer der Spielleiter, desto flüssiger der „Listenzauber".

Varianten

Dieses Spiel erlaubt einige sehr interessante Varianten.

HANDYCAP LISTENZAUBER

Bei unterschiedlichem Vorwissen sollte mit Handicap gespielt werden. Hier sind mehrere Varianten möglich: (1) Der stärkere Spieler muss jeweils zwei Begriffe nennen. (2) Der schwächere Spieler darf in der Pingpong-Phase ein-, zwei- oder dreimal „weiter" sagen. (3) Der stärkere Spieler muss in der Count-down-Phase jeweils zwei Begriffe vor dem „O.K." nennen. (4) Der schwächere Spieler startet die Count-down-Phase mit einem Plus von 1, 2 oder sogar 3 Punkten.

Die Entscheidung, welche der Handicapversionen angebracht ist, obliegt dem Spielleiter. Keinesfalls sollte jedoch ein Spieler oder eine Gruppe das Gefühl haben, ohne Chance in das Spiel zu gehen.

TEAM LISTENZAUBER

Zu einem Thema und Buchstaben versuchen beide Teams gemeinsam möglichst viele Begriffe zu finden. Dies bietet sich besonders bei abgeschlossenen Begriffsfeldern an, z. B. Staaten mit A, B, C etc. Anschließend wird verglichen, welcher Prozentsatz der möglichen Antworten erreicht wurde. Beim Teamspiel sollte mit fixer Zeitvorgabe gespielt werden. Optimal sind 5 oder 6 Minuten pro Aufgabe.

DROP OUT LISTENZAUBER

In dieser Variante spielt jeder für sich. Alle Schüler bilden zunächst einen stehenden Kreis. Reihum muss in zehn Sekunden ein Begriff zum gewählten Thema und Buchstaben genannt werden. Gelingt dies nicht, muss sich der Schüler hinsetzen (Drop out) und „der Ball" wird zum nächsten Spieler weiter gereicht. Es wird so lange gespielt, bis nur ein Spieler übrig bleibt.

Lassen auch Sie sich von den Listen verzaubern!

Themenkatalog (alphabetisch):

A) Mit beliebigen Einzelbuchstaben
B) Mit Buchstabenblöcken (Vorschläge)
C) Mit allen Buchstaben gleichzeitig
Meine Erfahrung mit den vorgeschlagenen Blöcken ist sehr gut. Dennoch ist, abhängig von der jeweiligen Schülergruppe, auch jede andere Blockbildung überlegenswert.

Animals (Englisch): Blöcke ABC, DEF, GHI, JKL, MNO, PQR, STU, VWXYZ

Ausdrücke rund um den Fußball: Blöcke A-E, F-J, K-O, P-T, U-Z

Automarken: Alle Buchstaben

Ballsportarten: Alle Buchstaben

Bäume: Alle Buchstaben

Blumen: Blöcke A-H, I-P, Q-Z

Charaktereigenschaften: Blöcke A-E, F-J, K-O, P-T, U-Z

Chemische Elemente: Blöcke A-E, F-J, K-O, P-T, U-Z

Comicfiguren: Blöcke ABC, DEF, GHI, JKL, MNO, PQR, STU, VWXYZ

Eigenschaftswörter (Englisch): Mit beliebigen Buchstaben

Erfindungen: Blöcke ABC, DEF, GHI, JKL, MNO, PQR, STU, VWXYZ

Filmregisseure: Blöcke A-E, F-J, K-O, P-T, U-Z

Komponisten: Alle Buchstaben

Maßeinheiten: Alle Buchstaben

Musikrichtungen: Alle Buchstaben

Olympische Sportarten: Alle Buchstaben

Organe des menschlichen Körpers: Alle Buchstaben

Persönlichkeiten mit Doppelinitialen: (z. B. André Agassi) Alle Buchstaben

Pflanzen: Blöcke A-E, F-J, K-O, P-T, U-Z

Romanautoren: Blöcke A-E, F-J, K-O, P-T, U-Z

Säugetiere: Mit beliebigen Buchstaben plus Block CIJQXYZ

Schauspieler: Blöcke A-E, F-J, K-O, P-T, U-Z

Schlagersänger/innen: ABC DEF, GHI, JKL, MNO, PQR, STU, VWXYZ

SPIELE (ohne Artikel, z. B. Die Siedler von Catan = S): Blöcke ABC, DEF, GHI, JKL, MNO, PQR, STU, VWXYZ

Sportler: Mit beliebigen Buchstaben

Sports (Englisch): Blöcke A-H, I-P, Q-Z

Staaten der Erde: A, B, CDEF, G, HIJ, K, L, M, N, OP, R, S, T, UVWZ

Städte (Deutschlands, Europas): Blöcke entsprechend der Spielstärke

Things in the classroom (Englisch): Alle Buchstaben

Tiere: Mit beliebigen Buchstaben plus Block CIJQXYZ

US-Bundesstaaten: Alle Buchstaben

Vereinsnamen im Fußball (z. B. Borussia; kein FC ...): Blöcke A-E, F-J, K-O, P-T, U-Z

Vornamen (männliche/weibliche): Mit beliebigen Buchstaben

Vögel: Blöcke ABC, DEF, GHI, JKL, MNO, PQR, STU, VWXYZ

Währung: Alle Buchstaben

Weltstädte: Blöcke ABC, DEF, GHI, JKL, MNO, PQR, STU, VWXYZ

Wortfelder (z. B. „gehen"): Mit beliebigen Buchstaben

Zeitwörter (Englisch): Mit beliebigen Buchstaben

ZEITNISCHEN

Spielerzahl: 2 bis 30+
Gruppenzusammensetzung: beliebig
Alter: ab 14
Dauer: ab 10 Minuten
Glück/Können (insgesamt 10 Punkte) – 6:4
Entstehungszeit: 1989 in Bern als „Anno Domini"
Autor: nach einer Idee von Urs Hostettler
Unterrichtsgegenstand: Geschichte (Zeitgeschichte, Kulturgeschichte, …)
Material: Ereigniskatalog (260 Ereignisse), Notizblatt, eventuell Lexika, Spielkarten

Eine Reise durch die Geschichte
ZEITNISCHEN ist eine für den Klassenraum adaptierte Version des wunderbar ausgefeilten Ratespiels „Anno Domini" von Urs Hostettler. Von diesem Spiel liegen mittlerweile zahlreiche thematische Kartensätze auf, so dass bei entsprechendem Interesse jederzeit eine Erweiterung dieses Katalogs angekauft werden kann. Die Grundaufgabe ist eigentlich ganz einfach, Sie müssen nur erahnen, ob bestimmte historische Ereignisse vor oder nach anderen Ereignissen stattgefunden haben. Der Teufel liegt im Detail, wie Sie bereits bei Ihrem ersten Spielversuch feststellen werden. Jedenfalls ist dieses Spiel auch für Erwachsene eine sehr große Herausforderung, bei dem auch der Spaß nicht zu kurz kommt. Dafür sorgen die abwechslungsreichen Fragen.

Spielziel
Historische Ereignisse müssen der richtigen Zeitnische zugeordnet werden.

Spielvorbereitung
Bilden Sie 4 bis 6 Teams, jedes mit einem Sprecher, und geben Sie jedem Team einen Satz Spielkarten vom Ass (1) bis zur „10".

Spielablauf
Zunächst wird ein historisches Ereignis (als Startkarte) vorgelesen und auf der Tafel im vollen Wortlaut oder durch Stichwörter aufgeschrieben. Danach

wird ein weiteres Ereignis vom Spielleiter vorgelesen. Die einzelnen Gruppen beraten kurz, machen eine Notiz, und die Sprecher halten dann ihre Platzierungskärtchen (Spielkarten von „1" bis „10") in die Höhe. Bei der ersten Frage steht entweder eine „1" oder eine „2". Das heißt, das Ereignis hat vor oder nach dem Startereignis stattgefunden. Nun wird die richtige Platzierung an der Tafel festgehalten und eine erste Wertungsrunde durchgeführt. Ebenso wird mit der nächsten Frage verfahren, allerdings mit drei Möglichkeiten der Platzierung, als frühestes Ereignis, als zweites oder aber als drittes Ereignis. Wieder folgt die korrekte Platzierung und die Wertung. Dies geht so lange weiter, bis insgesamt 10 Ereignisse in einer chronologisch richtigen Abfolge auf der Tafel stehen. Zu empfehlen ist folgende kleine Zusatzregel: Falls in einer Spielrunde alle Gruppen das falsche Ergebnis tippen oder alle Gruppen die richtige Platzierung erraten, wird das Ereignis nicht festgehalten, die Runde dafür aber wiederholt.

Platzierung

Zur Einordnung der einzelnen Ereignisse sollen Ihnen folgende Hinweise helfen:

1. Ein Jahrhundert **(Jh.)** dauert vom Jahr 01 bis zum Jahr 00, d.h. das 20. Jh. begann im Jahr 1901 und endete mit dem Jahr 2000. Das 7. Jh. v. Chr. dagegen begann um 700 und dauerte bis 601.

2. Vor Christi Geburt **(v. Chr.)** bezieht sich auf unsere Zeitrechnung.

3. **Um** 1905 heißt, dass der genaue Zeitpunkt nicht feststellbar ist. 5 Jahre auf oder ab zählen daher für ZEITNISCHEN als richtige Antwort. Das heißt in diesem Beispiel: 1900 bis 1910 sind korrekte Jahre.

4. Falls eine Frage auf ein Ereignis anspielt, ohne genauer zu präzisieren, ist immer das **erstmalige** Auftreten dieses Ereignisses gemeint. „Menschen im Weltall" spielt auf Juri Gagarin an, nicht auf alle anderen Astronauten und Kosmonauten, die sich seitdem in den luftleeren Raum gewagt haben.

5. Ereignisse, die sich **zeitlich überschneiden**, werden immer als korrekt gewertet. Findet ein Ereignis um 1905 statt, das andere 1907, ist es unerheblich, welches der beiden in der Zeitleiste früher platziert wird.

6. **Erläuterungen** bei den Antworten sind für die Wertung unerheblich.

Wertung

Jedes einzelne richtig platzierte Ereignis wird bewertet. Und zwar bekommt jedes Team, das eine korrekte Platzierung anzeigt, genau so viele Punkte, wie Ereignisse auf der Tafel stehen. Das heißt, bei zwei Ereignissen (Startkarte und erste Platzierung) sind 2 Punkte möglich, bei 10 schließlich 10 Punkte. Insgesamt kann eine Mannschaft daher maximal 54 Punkte erreichen. Die Zwischenwertung für jedes Team wird vom Spielleiter festgehalten.

Bemerkungen

ZEITNISCHEN scheint auf den ersten Blick den Historiker stark zu bevorzugen. Aber lassen Sie sich nicht täuschen. Durch die Ereignisauswahl ist ein sehr großes Glückselement im Spiel, was ZEITNISCHEN auch für unterschiedlich vorgebildete Gruppen sehr attraktiv macht. Meine Erfahrung ist, dass meist nach einer Spielrunde sofort eine Wiederholung verlangt wird. Ich darf Ihnen auch versichern, dass die Spannung von Ereignis zu Ereignis wächst, da die Zeitnischen immer enger werden. Falls eine Expertenrunde zusammenkommt, darf selbstverständlich auch auf 12, 15 oder noch mehr Kettenglieder im historischen Ablauf gespielt werden. Es macht außerdem einen großen Unterschied, ob Sie als Spielleiter bei den einzelnen Ereignissen nur die richtige Platzierung oder auch das genaue Jahr, in dem das Ereignis stattfindet, bekannt geben. Beide Möglichkeiten sind absolut spielbar, wenn auch bei der zweiten Variante der historisch interessierte Mitspieler leicht bevorzugt wird.

Bei der Auswahl der Fragen empfehle ich folgendes Vorgehen: Stellen Sie in einem Spiel jeweils eine Frage pro Kategorie. Bei Schülergruppen sollten Sie die Fragen persönlich auswählen. Bei Erwachsenen können Sie es auch durch Spielkarten von 1 bis 10 dem Zufall überlassen, welche Nummern gewählt werden. Die einzelnen Kategorien sind absolut beliebig mischbar. Aber auch thematische Schwerpunktsetzungen haben ihren eigenen Reiz. Dann werden eben Erfindungen, Entdeckungen oder etwa Literaturkenntnisse abgefragt.

Gerade bei diesem Spiel ist es wichtig, dass die Mitspieler nicht eine zu pedantische und ernsthafte Haltung entwickeln. Weisen Sie vor Spielbeginn darauf hin, dass auch die Geschichte ihre Tücken haben kann und es sich bei ZEITNISCHEN letztlich nur um ein Spiel handelt.

Taktische Hinweise

Bei ZEITNISCHEN gilt weniger Taktik als vielmehr Wissen und Gefühl.

Varianten

Eine Variante hat sich ebenfalls sehr bewährt:

ZEITNISCHEN-SOLO: Hier spielen die Teams abwechselnd, und zwar so lange, bis ein Ereignis falsch eingeordnet wird. Die Punkte entsprechen dem oben angeführten Wertungsschema. In dieser Variante baut sich die Zeitleiste nicht so schnell auf, da falsch platzierte Ereignisse vom Spielleiter beiseite gelegt werden. Beim ZEITNISCHEN-SOLO ist eine Kette von 12 oder mehr Ereignissen zu empfehlen, je nach Spielstärke der Schüler.

Es bleibt zu wünschen, dass Sie bei den zahlreichen „weltbewegenden" Ereignissen die kleinen Zeitnischen finden und nicht die Orientierung verlieren.

Ereigniskatalog

Dieser Katalog ist selbstverständlich jederzeit erweiterbar, ganz Ihren speziellen Bedürfnissen entsprechend.

Entdeckungen

1. Raumsonde Voyager 2 erreicht den Planeten Neptun.
   1989
2. Amundsen und Scott erreichen fast gleichzeitig den Südpol.
   1911–1912, Amundsen ist 35 Tage früher am Pol, Scott erfriert auf dem Rückweg.
3. Die Quasare werden entdeckt.
   1963, quasistellare Himmelskörper
4. Die Schallgeschwindigkeit wird gemessen.
   1640, durch Mersenne
5. Die Wikinger Bjarne Herjolfson und Leif Erikson erreichen die amerikanische Ostküste.
   986–1002
6. Zum letzten Mal wird eine neue Insel entdeckt.
   1988, Pulau Butu Halran in Malaysia, eine vulkanische Entstehung
7. Der Aztekenherrscher Montezuma hält die Weißen für Götter.
   1519, ein schwerer Fehler, den Cortez zur Eroberung der Hochkultur nutzt
8. Die Osterinseln werden entdeckt.
   1722, zu Ostern
9. Ein Wikingergrab wird in Ontario entdeckt.
   1930, damit war klar, wer Amerika entdeckte
10. Kosaken erreichen den Pazifik über Sibirien.
    1630

Erfindungen / Serie A

1. Erste Hirnkarten mit den wichtigsten Hirnfunktionen werden gezeichnet.
   1903, Vogt, Brodmann und Campbell
2. Die ersten Reißverschlüsse werden produziert.
   1913, vom Schweden Gideon Sundback
3. Entdeckung des Erregers der Schlafkrankheit.
   1901, Dutton

4. Der Haarfön wird entwickelt.
   1920, in den USA als Mischform von Mixer und Staubsauger
5. Die Polaroid-Fotokamera erscheint im Handel.
   1948
6. Das Windsurfen wird erfunden.
   1968, durch zwei Kalifornier
7. Der Radiergummi wird erfunden.
   1770, Priestley
8. Steigbügel werden verwendet.
   um 550, im römischen Reich
9. Die Atome werden postuliert.
   465 v. Chr., durch Leukippos von Milet
10. Die Schallmauer wird von einem Flugzeug durchbrochen.
    1947, in Kalifornien

Erfindungen / Serie B
1. Der erste Kompass wird gebaut.
   2. Jh.
2. Das Telefon wird in brauchbarer Form erfunden.
   1876, durch Alexander Graham Bell
3. Henry Mill erhält das erste Patent auf eine Schreibmaschine für Blinde.
   1714
4. Der Proportionalzirkel, der Vorläufer des Rechenschiebers, wird hergestellt.
   1597, durch Galileo Galilei
5. Brillen für Kurzsichtige werden erfunden.
   um 1518
6. Gutenberg schafft den ersten Druck mit beweglichen, gegossenen Metallbuchstaben.
   1445, in Mainz
7. Das Schießpulver wird in China erfunden.
   im 12. Jh.
8. Erste drahtlose Fernsehübertragung
   1930
9. Das erste „Fahrrad", eigentlich eine simple Laufmaschine, wird gebaut.
   1817, durch Karl Friedrich Drais
10. Das Patent für den ersten Küchenherd wird eingereicht.
    1834, von Philo Penfield Stewart (in Ohio)

Erfindungen / Serie C

1. Der Mikrofilm wird erfunden.
   um 1850, der Optiker John Dancer zeigt die Königin Victoria im Kreis ihrer Familie
2. Erste Verwendung des Flaschenzugs
   9. Jh. v. Chr., in Assyrien
3. Erster Fallschirmsprung
   1783, von einem Turm in Montpellier, Frankreich
4. Die Brillenmacher Hans und Zacharias Janssen bauen ein Mikroskop.
   um 1590
5. Die ältesten bekannten Dachziegel
   7. Jh. v. Chr., gefunden in den Ruinen des Heratempels von Olympia
6. Harrisons Chronometer erlaubt die Bestimmung der geografischen Länge.
   1761, bereits 1714 wurde eine Belohnung von 20 000 Pfund für eine erfolgreiche Lösung ausgesetzt
7. Die erste Straßenbeleuchtung wird installiert.
   um 450 v. Chr., mit Fackeln, in Antiochia
8. Der moderne Büstenhalter wird präsentiert.
   1912, durch Sigmund Lindauer in Deutschland
9. Das erste Maschinengewehr wird patentiert.
   1718, durch den Londoner Rechtsanwalt James Puckle
10. Der Keil (als Werkzeug hergestellt) findet Verwendung.
    um 3000 v. Chr., in Ägypten

Film & Fernsehen

1. „King Kong" ist im Kino zu sehen.
   1933
2. „Titanic" wird zum erfolgreichsten Film aller Zeiten.
   1998, er erhält 11 Oscars
3. Der Oscar wird erstmals vergeben.
   1928, von der Film Academy
4. Das Wrack der Titanic wird gefunden.
   1985, Grundlage für den Megaseller „Titanic" von James Cameron
5. Die Expedition im Film „2001 – Odyssee im Weltraum" startet.
   2010, nach einem Roman von Arthur C. Clarke
6. In diesem Jahr erwacht der Sleeper (Woody Allen).
   2174

7. „Cleopatra" mit Elizabeth Taylor wird in Ägypten verboten, da Taylor zum Judentum konvertiert ist.
   1963

8. Katherine Hepburn gewinnt ihren ersten von vier Oscars.
   1932, für „Morning Glory".

9. Der erste Western schockt das Publikum.
   1903, „The Great Train Robbery", Regisseur Edwin Porter

10. „Snow White and the Seven Dwarfs" wird der erste abendfüllende Trickfilm.
    1937, Regie Walt Disney

Geografie / Serie A

1. Die Alpengletscher sind weiter ausgedehnt als je zuvor seit Menschengedenken.
   um 1590

2. Island entsteht aus dem Meer.
   um 20 Mio. v. Chr., das Land hebt sich immer noch

3. Die Niagarafälle frieren zum bisher letzten Mal zu.
   1925

4. Das schlimmste Erdbeben aller Zeiten fordert mehr als eine Million Todesopfer.
   1201, im Nahen Osten

5. In der Sahara schneit es zum ersten Mal.
   1979

6. Eine Flugreise um die Erde dauert nur mehr 126 Stunden.
   1947

7. Deutschland und Großbritannien tauschen Helgoland und Sansibar.
   1889, zunächst gab Helgoland eigene Briefmarken heraus

8. 57,8°, die heißeste je auf der Erde gemessene Temperatur.
   1922, in der Libyschen Wüste

9. Der Fujiyama bricht zum bisher letzten Mal aus.
   1707, der heilige Berg Japans

10. Tokio wird Hauptstadt Japans.
    1868, alter Name Edo

Geografie / Serie B

1. Die erste Globus zeigt die damals bekannte Welt.
   um 546 v. Chr., von Anaximander

2. Der Krakatau bricht aus.
1883, seine Explosion ist die gewaltigste in neuer Zeit
3. Der Nil ist zum letzten Mal zugefroren.
1010
4. Grönland wird von den Dänen besiedelt.
1721, bis heute ist Dänemark damit flächenmäßig einer der größten Staaten der Erde
5. Der Antarktisvertrag wird von zwölf Staaten unterzeichnet.
1959, Ziel: friedliche und umweltfreundliche Nutzung
6. Der Vulkan Thira explodiert auf der heutigen Insel Santorin.
um 1470 v. Chr., wahrscheinlich größter Vulkanausbruch der Menschheitsgeschichte
7. Die Antarktis wird dauerhaft besiedelt.
1943, durch wissenschaftliche Stationen
8. In Südafrika wird Gold gefunden.
1889, in Transvaal, führte zu einer Masseneinwanderung
9. Die älteste Landkarte wird hergestellt.
um 3800 v. Chr., auf Tonplättchen in Babylon
10. Beginn der modernen Erdölwirtschaft
1859, in Pennsylvania wird vom Exlorer Drake eine Ölquelle angezapft

Kirche & Glaube / Serie A

1. England verurteilt die letzte Hexe.
1712, die Todesstrafe für Hexen wird erst 1736 abgeschafft
2. Deutschland verehrt den St. Nikolaus.
10. Jh., gemeint sind die Bischöfe Nikolaus von Myra und Nikolaus von Pirara, damals war Nikolaus einer der häufigsten Namen
3. Die obersten Kirchenväter verbieten warme Bäder, ausgenommen für Kinder.
um 400
4. Der Papst erklärt sich bezüglich katholischer Dogmen für unfehlbar.
1870, Pius IX.
5. Nur ein Papst in der Geschichte trat freiwillig ab.
1294, Coelestin V.
6. Die Himmelfahrt Marias wird vom Papst proklamiert.
1950, Pius XII.
7. Im Kalender werden die Tage vom 5. bis zum 14. Oktober gestrichen.
1582, allerdings wird diese Änderung erst in den folgenden Jahren und

Jahrzehnten umgesetzt
8. Ein zwölfjähriger Knabe wird Papst.
   1032, Benedikt IX.
9. Simon, der Säulenheilige, verbringt seine letzten 45 Jahre auf einer Steinsäule.
   552 – 597, in Syrien
10. Jeanne d'Arc wird heilig gesprochen.
    1920, die Jungfrau von Orléans

Kirche & Glaube / Serie B
1. Die Spanische Inquisition wird aufgelöst.
   1834
2. Der Religionsgründer Buddha stirbt in Indien.
   480 v. Chr., im Jahr darauf folgt ihm Konfuzius
3. Weihnachten wird auf den 25. Dezember gelegt.
   354, Konzil von Rom
4. Galileo Galilei wird von der Kirche rehabilitiert.
   1964, von Paul VI.
5. Petrus wird gekreuzigt.
   64, in Rom, historisch nicht gesichert
6. Ein Belgier wird zum Papst gewählt.
   1271, Gregor V., nach zwei Jahren Konklave
7. Der erste Nichtitaliener seit der Reformation wird zum Papst gewählt.
   1978, der Pole Karol Woytila als Johannes Paul II.
8. Der erste Adventskranz taucht auf.
   um 1830, in Hamburg
9. Die römische und die byzantinische Kirche trennen sich.
   879, der Papst und der Patriarch von Konstantinopel bannen sich gegenseitig
10. Auszug der Israeliten aus Ägypten
    1244 v. Chr., nach Entzifferung alter Buchstabeninschriften auf Sinai

Kirche & Glaube / Serie C
1. In Rom wird an der päpstlichen Universität ein Lehrstuhl für Astrologie geschaffen.
   um 1517, unter Papst Leo X.
2. Die anonyme mündliche Beichte kommt auf.
   5. Jh.

3. Das Verbot der Feuerbestattung wird vom Papst aufgehoben.
   1964, seit 1866 gültig
4. Das Volk Israel wird wegen einer Volkszählung mit der Pest bestraft.
   um 1025 v. Chr., König David veranlasste die Volkszählung (2. Samuel 24, 1-25)
5. Die Diskussion der Evolutionstheorie wird vom Papst erlaubt.
   1941, von Pius XII.
6. Das Ende der Kreuzzüge ist gekommen.
   1291
7. Luther gelobt im stürmischen Gewitter seinen Klostereintritt.
   1501, er wird Augustiner
8. Das Abendmahl wird als Sakrament aufgefasst.
   um 100
9. Paulus beginnt seine Missionsreisen.
   45
10. Der japanische Kaiser verbietet beim Tod der Kaiserin Menschenopfer.
   290, dafür werden Tonfiguren in das Dolmengrab gelegt

Kriegerische Auseinandersetzungen
1. Franzosen besetzen das Ruhrgebiet.
   1923 – 1925, die Reparationszahlungen konnten nicht geleistet werden
2. Irak erklärt zum letzten Mal Deutschland den Krieg.
   1939, im Zuge des beginnenden 2. Weltkriegs
3. Die letzte Schlacht findet auf englischem Boden statt.
   1685, Bürgerkrieg um die Nachfolge Charles II., der 2. Weltkrieg war geprägt von Luftschlachten
4. Spartacus führt aufständische Sklaven gegen Rom.
   73 – 71 v. Chr.
5. Der letzte japanische Offizier des 2. Weltkriegs wird auf einer philippinischen Insel gefunden.
   1974, Hiroo Onada, er wähnte sich noch mitten im Krieg.
6. Der erste englische König fällt in einer Schlacht.
   1485, Richard III.
7. Die berühmte französische Fremdenlegion wird gegründet.
   1831
8. Die Lanze wird in Großbritannien als offizielle Gefechtswaffe abgeschafft.
   1927

9. Sklavenaufstand auf Haiti
   1791–1803, Haiti wird als erster mittelamerikanischer Staat unabhängig
10. Der Matrosenaufstand von Kronstadt wird niedergeschlagen.
    1921, von den Sowjets

Kulturgeschichte / Serie A

1. Königin Semiramis lässt die Hängenden Gärten erbauen.
   um 800 v. Chr., in Assyrien
2. Erstes Wasserklosett
   um 2000 v. Chr., in Knossos auf Kreta
3. Zahnbürsten werden verwendet.
   um 1700, in Leipzig
4. Argentinien „entdeckt" den Tango.
   um 1880, bis dahin war dieser Tanz dem einschlägigen Milieu vorbehalten
5. Das erste Schaufenster macht Schlagzeilen.
   1836, in Wien
6. Der Walzer wird in Wien zum Gesellschaftstanz.
   1815
7. Toilettenpapier kann nachgewiesen werden.
   875, in China
8. Der Twist erobert das Tanzparkett.
   1962
9. Der Teddybär taucht auf.
   1902–1903, zu Ehren des US-Präsidenten Teddy Roosevelt
10. Männer rasieren sich.
    18 000 v. Chr., wie Höhlenmalereien zeigen

Kulturgeschichte / Serie B

1. Die berühmte Neue Züricher Zeitung erscheint zum ersten Mal
   1780
2. Die Chinesen müssen Zöpfe tragen.
   1645, unter dem Mandschu-Kaiser Zhang Vianzhong
3. Wien bekommt die Hofreitschule.
   1580
4. Der Zopf als männliche Haartracht verschwindet in China.
   1912

5. Der Hosenträger taucht auf.
   um 1795, in Paris
6. Die Krawatte wird eine Modeerscheinung.
   1668, nach den Kroaten benannt, da ein kroatisches Regiment diesen Halsschmuck trug
7. Die Nadel wird verwendet.
   um 18 000 v. Chr., zunächst aus Knochen
8. Die Chromgerbung erlaubt hochwertige Ledermode.
   1858, durch Friedrich Knapp
9. Der Mensch erzeugt bewusst das Feuer.
   um 10 000 v. Chr., der eisenhaltige Pyrit (Feuerstein) wurde gegen bestimmte Mineralien geschlagen
10. Der erste Kunstdünger wird hergestellt.
    1843, durch Sir John Bennet Lawes

Literatur

1. „All men are equal, but some are more equal than others".
   1949, George Orwells „Animal Farm"
2. Hemingway schreibt „The Old Man and the Sea".
   1952
3. Huxleys „Brave New World" spielt in diesem Jahr.
   2486, genau genommen 623 nach Ford, und Henry Ford wurde 1863 geboren
4. Robert Louis Stevenson veröffentlicht seine „Schatzinsel".
   1883
5. „Le petit Prince" erscheint.
   1943, Antoine de Saint-Exupéry
6. Stefan Zweig veröffentlicht seine „Schachnovelle".
   1941
7. Der Pulitzerpreis wird zum ersten Mal vergeben.
   1918, für Ernest Pooles „His Family"
8. „To be or not to be ..."
   1600–1601, aus William Shakespeares „Hamlet"
9. Margaret Mitchell veröffentlicht „Gone with the Wind".
   1936, der gleichnamige Film wird für ein halbes Jahrhundert zum größten Kassenschlager
10. Ian Fleming erschafft James Bond.
    1953, „Casino Royale"

Medizin & Gesundheit

1. In Zürich dürfen Tierkadaver nicht mehr in den Fluss geworfen werden.
   1421, stattdessen wird Verbrennung verlangt
2. Die Homöopathie wird begründet.
   1796, von Hahnemann
3. Die REM-Schlafphase beweist, dass der Mensch alle 90 Minuten träumt.
   1965
4. Cholerisch, melancholisch, phlegmatisch, sanguinisch – das Modell von den vier Temperamenten entsteht.
   um 200, durch Galen
5. Das älteste bekannte medizinische Buch
   2600 v. Chr., in China, ein Buch über Akupunktur
6. Hermann Rorschach entwickelt den Tintenklecks-Test.
   1921
7. In Deutschland muss auf jeder Zigarettenpackung auf die Gefahren des Rauchens hingewiesen werden.
   1981
8. Bakterien werden beobachtet.
   1676, durch Antoine van Leewenhoek
9. Die Heilwirkung von Orangen und Zitronen gegen Skorbut wird erkannt.
   1774, durch den englischen Arzt James Lind
10. Der Elektroschock wird therapeutisch angewendet.
    1938, durch Cerletti und Bini

Musik

1. „White Christmas" wird mit Bing Crosby aufgenommen.
   1942
2. An den Höfen Italiens entsteht das Ballett.
   um 1490
3. Die US-Charts, die Hitlisten für Singles, erscheinen zum ersten Mal.
   20. Juli 1940, in der Musikzeitschrift Billboard, erste Nr.1 „I'll Never Smile Again" von Tommy Dorsey
4. Mozart komponiert „Die Zauberflöte".
   1791
5. Giuseppe Verdi wird geboren.
   1813
6. Die Beatles haben ihre größten Erfolge.
   um 1965

7. Die Salzburger Festspiele werden zum ersten Mal eröffnet.
   1920
8. Elvis Presley macht die erste private Schallplattenaufnahme.
   1953, „My Happiness"
9. Louis Armstrong wird in New Orleans geboren.
   1900, er stirbt 1971
10. Die Bayreuther Festspiele werden eröffnet.
    1876

Politische Geschichte / Serie A

1. Die Türkei schafft den Mufti ab.
   1924, religiöser Rechtsgutachter
2. Josef Dschugaschwili, bekannt unter dem Namen Stalin, besucht ein Priesterseminar.
   1894–1899
3. Dracula, eigentlich Prinz Vlad Tepes III., stirbt in der Walachei.
   1476, er trug den Spitznamen „der Pfähler", da er sich an brutalsten Grausamkeiten erfreute
4. Telefonverbindung zwischen Moskau und Washington – das rote Telefon
   1963, Höhepunkt des Kalten Krieges
5. Dieses Jahr gilt als das Afrikajahr (größte Zahl der Staaten, die unabhängig wurden).
   1960
6. Erste Strafkolonie in Sydney, Australien
   1788
7. Der Kalif Harun al Raschid herrscht in Bagdad.
   um 800, berühmt durch „1001 Nacht"
8. Die Grimaldis herrschen in Monaco.
   1297, mit Aussterben der direkten Linie fällt Monaco an Frankreich zurück
9. Stalins Leichnam wird aus dem Lenin-Mausoleum entfernt.
   1961
10. Die Internationale wird komponiert.
    1871, „Wacht auf, Verdammte dieser Erde!"

Politische Geschichte / Serie B

1. Jeanne d'Arc wird auf dem Scheiterhaufen verbrannt.
   1431

2. Die Genfer Konvention, ein Verhaltenskodex für kriegsführende Staaten, wird geschaffen.
   1864, gleichzeitig Gründung des Roten Kreuzes
3. Die dänische Nationalflagge Danebrog fällt vom Himmel.
   1218, Schlacht von Lindarisa, älteste Nationalflagge der Welt
4. Europäer blicken in das Antlitz des Tenno, des japanischen Gott-Kaisers.
   1868, den Kolonialmächten England, Frankreich und Holland wird eine Audienz ermöglicht
5. Amnesty International wird gegründet.
   1961, durch Peter Benenson
6. In Ägypten tritt der letzte Pharao ab.
   341 v. Chr.
7. China zwingt den 14. Dalai Lama zur Flucht aus Tibet.
   1959, dauert bis heute an
8. Die Portugiesen gründen Macao in China.
   1557, wurde 1999 zurückgegeben
9. Die ersten schwarzen Sklaven werden in Lissabon verkauft.
   1444, insgesamt 263 Sklaven
10. Haile Selassie, der Kaiser von Äthiopien, wird gestürzt.
    1974

Politische Geschichte / Serie C

1. Der Ungarnaufstand wird von der Sowjetunion niedergeschlagen.
   1956, Imre Nagy wird 1958 hingerichtet, 1989 rehabilitiert
2. Senator Bill Meier aus Texas hält eine 43-stündige Rekordrede.
   1977, Thema: Die Nichtbekanntmachung von Industrieunfällen
3. Das Kommunistische Manifest wird gedruckt.
   1848, Autoren sind Karl Marx und Friedrich Engels
4. Sklaven müssen, so bestimmt es der Papst, vor der Verschiffung katholisch getauft werden.
   1698, damit wird der Sklavenhandel sanktioniert
5. Yassir Arafat wird Leiter der PLO.
   1969, er ist es bis heute
6. Der Habeas Corpus Act schützt die persönliche Freiheit des Bürgers gegen Königsgewalt.
   1679, in Großbritannien
7. Erstes Auftauchen der Nationalsozialistischen Sturmabteilung (SA)

1921

8. Ein Aborigine wird Mitglied des australischen Parlaments.
   1971

9. Kreisky und Brandt treffen sich in Wien mit PLO-Chef Arafat.
   1979

10. Das World Trade Centre wird durch einen Terroranschlag dem Erdboden gleichgemacht.
    2001

Speisen & Getränke

1. Der erste Scotch Whisky wird destilliert.
   1494, vom Ordensbruder John Cor

2. Die ersten Würste werden gegessen.
   um 1500 v. Chr., in Babylonien

3. Der Cocktail kommt nach Europa.
   1905–1910, aus den USA

4. Der Spinat wird aus Persien nach Europa eingeführt.
   16. Jh.

5. Dosenbier erobert den Markt.
   1935

6. Der erste Wein wird getrunken.
   4. Jahrtausend v. Chr., in Ägypten

7. Das erste Bier wird gebraut.
   6. Jahrtausend v. Chr., in Mesopotamien

8. Zuckerrohr wird in Indien angebaut.
   um 1000 v. Chr.

9. Erdnüsse werden exportiert.
   1837, aus Sierra Leone

10. Die Kartoffel wird dem französischen König Ludwig XIII. serviert.
    1616, als Rarität

Sport & Spiel

1. Bei Olympischen Sommerspielen wird auf lebende Tauben geschossen.
   1900, in Paris

2. Billard wird gespielt.
   15. Jh., in Frankreich

3. Der erste Schilift wird der Öffentlichkeit zugänglich gemacht.
   1908, im Schwarzwald

4. Die farbigen Legosteine erobern die Kinderzimmer.
   1955, entwickelt vom dänischen Tischler Godfred Kirk Christiansen
5. Das kommerziell erfolgreichste Spiel aller Zeiten kommt auf den Markt.
   1993, Magic the Gathering, von Richard Garfield
6. Die Barbie-Puppe taucht auf.
   1958, nach einer deutschen Puppe gestaltet
7. Wilhelm Steinitz ist erster offizieller Weltmeister der Schachgeschichte.
   1886–1894, er stirbt geistig umnachtet und spielt zuletzt nur mehr Partien gegen Gott
8. Eine Australierin schwimmt von Kuba nach Florida.
   1997, Susie Maroney, 134 km in 24 Stunden und 30 Minuten in einem haifischsicheren Käfig
9. Erste schriftliche Golfregel
   1744, in Schottland
10. Die erste Fußballweltmeisterschaft wird gespielt.
    1930, Uruguay wird als Gastgeber Weltmeister

Tiere & Pflanzen
1. Der Steinbock wird in Österreich ausgerottet.
   um 1720
2. Kanarienvögel kommen nach Europa.
   um 1480, zunächst nach Spanien
3. Der Große Pandabär wird in China entdeckt.
   1928
4. Das Quagga, ein rotes Zebra, wird ausgerottet.
   1900, durch die Buren
5. Der Dodo auf Mauritius stirbt aus.
   1681, ein schwerfällig wirkender Vogel
6. Der letzte deutsche Wisent wird erlegt.
   1755, in Ostpreußen
7. Die ältesten Eichen stammen aus diesem Jahrhundert.
   8. Jh.
8. Der blaue Gummibaum wird entdeckt.
   1792, in Tasmanien, bis zu 110 m hoch
9. Die Kartoffelpflanze taucht in Deutschland auf.
   1587, im Botanischen Garten in Breslau
10. Das Gewächshaus wird eingeführt.
    1599, im niederländischen Leiden

Verschiedenes / Serie A

1. Das erste Pressefoto wird geschossen.
   1854 (10. Juni), Eröffnung des Crystal Palace durch Queen Victoria
2. London bekommt die Straßen-Gasbeleuchtung.
   1814, später Motiv für zahlreiche Thriller
3. Der Beweis für unendlich viele Primzahlen gelingt.
   3. Jh. v. Chr., durch Euklid
4. Darwin veröffentlicht die Abstammungslehre.
   1859
5. Die Weltbevölkerung wächst auf 6 Milliarden Menschen.
   1998, ein Baby in Sarajevo wird als sechsmilliardster Erdenbürger gefeiert
6. Die Sternwarte Greenwich wird gebaut.
   1676, später wird durch diese Sternwarte der Nullmeridian gelegt
7. Deutschland hebt das Zölibat für Beamtinnen auf.
   1953, bis dahin musste der Dienst bei Heirat aufgegeben werden
8. Der Abu-Simbel-Tempel wird abgetragen und höher oberhalb des Nils wieder aufgebaut.
   1964–1968, zum Schutz vor den Wasserfluten
9. Der berühmte Diamant Koh-i-noor wird gefunden.
   um 1300, in Indien, heute das Prunkstück der britischen Kronjuwelen
10. Die letzte totale Sonnenfinsternis im 20. Jahrhundert
    1999 (11. August)

Verschiedenes / Serie B

1. Nostradamus wird zum Propheten.
   1529, früher war er Pestarzt
2. Der Petersdom wird fertig gestellt.
   1604
3. Pompeji wird unter Vulkanasche begraben.
   79, durch einen Ausbruch des Vesuvs
4. Zum bisher letzten Mal gibt es einen 30. Februar.
   11. v. Chr.
5. Der Ötzi wird gefunden.
   1991, auf der italienischen Seite der Ötztaler Alpen
6. Die Matrosen der Bounty meutern gegen Kapitän Bligh.
   1789, später wurde die Meuterei auf der Bounty mehrmals verfilmt
7. Der Hilferuf S-O-S wird als Morsezeichen eingeführt.

1908
8. Der Fingerabdruck wird für Rechtsurkunden akzeptiert.
   8. Jh. v. Chr., in Japan
9. Die Zeitrechnung ab Christi Geburt wird eingeführt.
   525, nach Berechnungen des Mönchs Exiguus
10. Das älteste mathematische Rätsel
    160 v.Chr., Rhind Papyrus

Verschiedenes / Serie C
1. Die erste Rolltreppe wird in Betrieb genommen.
   1896, am Pier von Coney Island, New York
2. Die erste Flugaufnahme der Geschichte
   1858, Heißluftballon bei Paris
3. Atlantis wird durch eine Überschwemmung zerstört.
   um 9650 v. Chr., nach Platon
4. Der teuerste Teppich aller Zeiten wird gewoben.
   um 1535, der Heilige Teppich von Ardebil, 32 Millionen Knoten
5. Eine Sonnenfinsternis wird zum ersten Mal genau vorhergesagt.
   585 v. Chr., durch Thales von Milet, 18 Jahre und 11 Tage später
6. Die 1. Ausgabe der Encyclopaedia Britannica
   1768, in 3 Bänden
7. Die erste bekannte alphabetische Enzyklopädie
   um 1000, vom griechischen Lexikographen Suidas zusammengestellt
8. Der erste Kalender
   2. Jahrtausend v. Chr., in Babylon
9. Ein Gewölbe wird gebaut.
   um 700 v. Chr., in Mesopotamien
10. Die Flüssigkristallanzeige wird hergestellt.
    1971, in der Schweiz

Wirtschaft
1. Das älteste bekannte Münzgeld
   700 v. Chr., in Lydien
2. Bewässerungsanlagen für Reisfelder entstehen am Yangtsekiang
   2356 v. Chr., auf Befehl des Kaisers Yao
3. Das erste Gezeiten-Kraftwerk geht auf Strom.
   1967, Saint Malo in Frankreich
4. Die erste Briefmarke wird ausgegeben.

1840 (6.Mai), One Penny Black, mit dem Porträt von Queen Victoria

5. Die ersten deutschen Börsen

   16. Jh., in Augsburg, Nürnberg, Hamburg und Köln

6. Einkommenssteuern werden eingefordert.

   1798, England

7. Die Pipeline durch Alaska ist fertig gestellt.

   1977, von der Prudhoe Bay bis Valdez, 1300 km lang

8. Der erste Nobelpreis für Wirtschaftswissenschaften wird vergeben.

   1969, an Ragnar Anton Kittil Frisch und Jan Tinbergen

9. John Maynard Keynes fordert staatliche Eingriffe in die Wirtschaft.

   1930, Grundlage für die soziale Marktwirtschaft

10. Charles Dow kreiert einen Aktienindex für Eisenbahnwerte; später wird daraus der Dow Jones.

    1896, heute spiegelt er die Kursentwicklung von 30 wichtigen Aktiengesellschaften der USA wider

Notizblatt ZEITNISCHEN

QUIZ 15

Spielerzahl: 1 bis 30+
Gruppenzusammensetzung: beliebige Altersstufen
Alter: ab 10
Dauer: ab 10 Minuten
Glück/Können (insgesamt 10 Punkte) – 3:7
Entstehungszeit: 1978
Autor: Hugo Kastner
Unterrichtsgegenstand: Alle Gegenstände
Material: Quizkärtchen (63 Kärtchen zu je fünf Fragen), Stoppuhr oder Sanduhr,
Spielchips

Der Traum des Wissens

Egal ob Sie schnell für Zwischendurch eine kleine Beschäftigung für Ihre
Klasse brauchen, oder ob Sie ganze Schulstunden wettbewerbsorientiert
füllen wollen, mit QUIZ 15 halten Sie das richtige Werkzeug in Händen.
Um genau zu sein, sind unter diesem Titel gleich fünf Spiele verpackt, die
ich in zahllosen Stunden bei allen Altersgruppen getestet habe. Nicht erst
seit dem Erfolg des „Trivial Pursuit" oder der diversen „Millionenshows"
im Fernsehen üben Quizspiele eine fast unüberbietbare Faszination auf
Jung und Alt aus. Der Grund dafür liegt nicht nur im zweifellos unter-
schwellig vorhandenen Lerneffekt, sondern vor allem in der momentanen
Freude beim Nennen einer korrekten Antwort.

Spielziel

Die Spieler müssen Fragen, die vom Spielleiter vorgelesen werden, korrekt
beantworten. Wer zuerst 15 Punkte erreicht, hat gewonnen.

Spielablauf

Zunächst wird die Klasse in zwei bis vier Gruppen aufgeteilt. Danach werden vom Spielleiter Fragen vorgelesen, die derjenige beantworten darf, der
zuerst die Hand hebt. Ist die Antwort richtig, bekommt die Mannschaft 2
Punkte, bei einer falschen dagegen wird 1 Punkt vom Konto abgezogen. Bei
einer falschen Antwort dürfen die anderen Gruppen raten. Bei falschen Antworten sind wieder alle Gruppen tippberechtigt. Minuspunkte sind nicht zu
schreiben, d. h. keine Mannschaft kann unter dem Wert Null stehen.

Wertung

Erreicht eine Mannschaft 15 Punkte, endet das Spiel. Hat aber eine andere Mannschaft zu diesem Zeitpunkt 14 Punkte auf ihrem Konto, kommt es zu einem Tiebreak zwischen den beiden Mannschaften.

Tiebreak

Es werden drei Fragen gestellt. Die Mannschaft, die zuerst zwei beantwortet, gewinnt das Spiel.

Bemerkungen

Gerade bei reinen „Wissensspielen" ist es wichtig, den übergroßen Ehrgeiz mancher Schüler zu zügeln. Daher müssen Sie als Spielleiter unbedingt vor Spielbeginn darauf hinweisen, dass bei der Auslegung über richtig oder falsch ausschließlich Sie als Schiedsrichter fungieren, keinesfalls aber irgendwelche Mitschüler. Außerdem ist es wichtig, bei der Antwortinterpretation eine gewisse Großzügigkeit walten zu lassen. Wenn etwa eine Frage nicht korrekt im Sinne des Fragestellers, aber auch nicht wirklich falsch beantwortet wird, ist es anzuraten, einfach keine Veränderungen beimPunktestand vorzunehmen. Um schwächere Gruppen nicht ganz zu entmutigen, lasse ich bei einer zweiten Spielrunde den Zwischenstand der Verlierer auf der Tafel stehen, d. h. deren Punktekonto wird ins neue Spiel übernommen. Dadurch erhöht sich die Chance, dass jeder mal gewinnt. Wenn diese Vereinbarung vor Spielbeginn getroffen wird, sehen die Schüler dies in den allermeisten Fällen sehr positiv.

Es ist von Lehrerseite manchmal auch günstig, bei etwas schwierigeren Fragen den ersten Buchstaben zu nennen, um die Trefferquote der Schüler zu erhöhen. Hier ist wieder Fingerspitzengefühl verlangt.

Taktische Hinweise

- Beratungen innerhalb der Gruppen müssen im Flüsterton geführt werden. Die Mitschüler haben „große" Ohren.
- Jede Beratung ermöglicht auf Grund der Zeitverzögerung einer anderen Gruppe schnell mal einen Tipp abzugeben. Daher ist oft eine spontane Antwort vorzuziehen.

Varianten

Einige dem Grundspiel praktisch gleichwertige, äußerst spannende Varianten darf ich Ihnen zusätzlich anbieten.

BLOCK 15: Bei dieser Spielweise werden an zwei Teams abwechselnd jeweils 5 Fragen eines Kärtchens gestellt. Zur Beantwortung steht maximal eine Minute pro Frage zur Verfügung (Sanduhr oder Stoppuhr). Wird eine Frage nicht oder falsch beantwortet, darf die gegnerische Mannschaft sofort einen Tippversuch machen. Die Punkte werden folgendermaßen verteilt. (1) Für das spielende Team: Eine richtige Antwort = 1 Punkt, zwei Antworten = 3 Punkte, drei Antworten = 6 Punkte, vier Antworten = 10 Punkte, alle fünf Antworten = 15 Punkte. (2) Zuschauendes Team: Jede Antwort, falls sich diese Chance ergibt, bringt 3 Punkte auf das Konto. Ziel des Spiels ist es, 100 Punkte zu erreichen. Spielchips dienen als Zählsteine.

TOPIC 15: Wieder spielen zwei Teams gegeneinander. Ziel ist es, von allen vereinbarten Wissensgebieten ein Kärtchen in Besitz zu nehmen. Falls Sie länger spielen wollen, kann selbstverständlich auf zwei oder gar drei Kärtchen pro Thema erweitert werden. Jeder Mannschaft stehen maximal 3 Minuten zur Beantwortung aller fünf Fragen zur Verfügung. Pro Thema (Topic) müssen mindestens vier richtige Antworten erfolgen, um das Kärtchen zu bekommen. Sind alle fünf Antworten korrekt, darf die Mannschaft um ein weiteres Kärtchen spielen. Wer zuerst die vereinbarte Zahl an Kärtchen einnimmt, hat gewonnen. Bei sehr jungen Schülern müssen Sie flexibel sein und eventuell bereits bei drei oder sogar nur zwei korrekten Antworten das Kärtchen abgeben.

BEST OF 15: Bei dieser Variante spielen zwei Mannschaften gegen einander. Die Fragen werden allen Mannschaften gleichzeitig vorgelesen. Sobald eine Mannschaft drei der fünf Fragen beantwortet, bekommt sie das Kärtchen zugesprochen. Das Spiel endet, wenn eine Mannschaft acht Kärtchen erobert hat (Best of 15!). Hinweise des Spielleiters sind erlaubt.

SLAM 15: Diese interessante Spielweise verlangt von den Spielern, ihr Wissen richtig abzuschätzen. Abwechselnd werden den beiden Gruppen alle fünf Fragen eines Kärtchens gestellt, von oben nach unten. Für jede Antwort gilt die Zählweise der Block-Variante, d.h. eine richtige Antwort = 1 Punkt, zwei Antworten = 3 Punkte, drei Antworten = 6 Punkte, vier Antworten = 10 Punkte, alle fünf Antworten = 15 Punkte. Man darf eine Frage überspringen, wenn man keine falsche Antwort riskieren möchte, da eine falsche Antwort alle bis zu dieser Frage kumulierten Punkte löscht. Ein „Slam", d. h. alle fünf Fragen richtig beantwortet, bringt fünfzehn Punkte (die sofort notiert werden). Die Mannschaft darf sofort mit einem neuen Kärtchen weiter spielen. Insgesamt wird auf 60 Punkte (oder jeden anderen vereinbarten Wert) gespielt.

Frage- und Antwortkärtchen

Geschichte & Politik
In welcher „Völkerschlacht" wurde Napoleon geschlagen?
Leipzig
Welcher Erdteil gilt als die Wiege der Menschheit?
Afrika
Welche Schrift entwickelten die Sumerer?
Keilschrift
Wie wurden die Teilnehmer an den römischen Kampfspielen genannt?
Gladiatoren
In welchem Jahr wurde Indien von Großbritannien unabhängig?
1947 (± 3 Jahre)

Geschichte & Politik
In welchem Jahr wurde die Berliner Mauer gebaut?
1961 (± 1 Jahr)
Wie hieß die Frau von Kaiser Franz Joseph I. von Österreich?
Elisabeth (Sissi)
Wer war der „eiserne" Kanzler?
Fürst Otto von Bismarck
1867 kauften die USA dem russischen Zaren Land für 7,2 Mill. Dollar ab. Welches?
Alaska
Welcher römische Feldherr eroberte Gallien?
Cäsar

Geschichte & Politik
Wie hieß der Herrschertitel im alten Ägypten?
Pharao
Welche berühmte Schlacht fand am 18. Mai 1815 statt?
Waterloo
Welche Frau liebte die Römer Cäsar und Antonius?
Cleopatra
Wie heißt der erste Präsident der USA, der im 20. Jahrhundert geboren wurde?
John F. Kennedy
Wie wird der 25. Oktober 1929 noch genannt?
Schwarzer Freitag

Geschichte & Politik
Der 3. Präsident der USA war der Verfasser der Unabhängigkeitserklärung? Sein Name?
Thomas Jefferson
Wie lautet die Abkürzung für die Organisation erdölexportierender Länder?
OPEC
Wie heißt die 30 000 Jahre alte Steinfigur aus dem österreichischen Willendorf?
Venus von Willendorf
Wie hieß der Revolutionär und Arzt, der 1967 getötet wurde?
Che Guevara
Wie nennt man die „alkohollose" Zeit zwischen 1920 und 1933 in den USA?
Prohibition

Geschichte & Politik
Wie hieß das System der Rassentrennung in Südafrika?
Apartheid
Welcher Lydier war sprichwörtlich reich?
Krösus, König von Lydien
Wie alt muss man in den USA sein, um Präsident werden zu können?
35 Jahre
Monte Cassino war das Gründungskloster welchen Ordens?
Benediktiner
Wie viele Ehefrauen hatte Heinrich VIII?
Sechs

Geschichte & Politik
Wie heißt der mächtigste germanische Gott?
Wotan (Odin)
Mit welchem Bauwerk schützte sich China zur Zeit der Ming-Dynastie?
Große Chinesische Mauer
Was leuchtete in Paris bereits 1667?
Die erste Straßenbeleuchtung
Wer löste den Gordischen Knoten?
Alexander der Große
Wie hieß der Führer des Sklavenaufstands in Rom (73 bis 71 v. Chr.)
Spartacus

Spiel & Sport
Bei welcher Motorsportart müssen die Fahrer Stahlschuhe tragen?
Speedwayrennen
Aus welchem Land stammen die meisten Schachweltmeister?
Ehemalige Sowjetunion
Wie heißen Reiterwettkämpfe der Cowboys in den USA?
Rodeo
Über welche Distanz führt der Hindernislauf in der Leichtathletik?
3000 m
In welchem Jahr wurde der erste Skilift in Davos gebaut?
1932 (± 3 Jahre)

Spiel & Sport
Schwimmen die Schiedsrichter beim Wasserball im Becken?
Nein
Wie lange muss ein Speer für Männer mindestens sein?
2,60 m (± 10 cm)
Wie nennt man die Schwimmstaffel (Rücken- Brust- Delphin- und Kraulstil)?
Lagenstaffel
Wie heißen die zwei englischen Ruderstädte (seit 1829 Wettkampf auf der Themse)?
Oxford und Cambridge

Spiel & Sport
Wie lange ist die effektive Spielzeit bei einem Eishockeymatch?
60 Minuten
Welches Trikot trägt der Führende der Tour de France?
Das gelbe Trikot
Welcher Ball erreicht im Sport die größte Geschwindigkeit?
Golfball (ca. 300 km/h)
Wo wird bereits seit 1925 der „Silvesterlauf" ausgetragen?
Sao Paulo
Welcher Sportler sagte: „Wimbledon ist mein Wohnzimmer"?
Boris Becker

Spiel & Sport
In welcher Sportart hat ein Ski mehr als eine Laufrille?
Im Skispringen
Welche Schachfiguren sind bei der Rochade beteiligt?
König und Turm
Wie lang ist der längste Wettbewerb im olympischen Eisschnelllaufen?
10 000 m
Welcher holländische Fußballverein war der erfolgreichste dieses Landes?
Ajax Amsterdam
Welches Land gewann die erste Fußballweltmeisterschaft?
Uruguay

Spiel & Sport
Wie breit ist ein Schwebebalken maximal?
10 cm
Wie entscheidet man vor Beginn eines Fußballspiels die Seitenwahl?
Mit einem Münzwurf
Wie viele Löcher hat ein Poolbillard-Tisch?
Sechs
Wie viele Goldmedaillen holte Mark Spitz bei den Olympischen Spielen 1972 (Rekord)?
Sieben
In welchem Jahr wurde der erste Slalom gesteckt (vom Österreicher Zdarsky)?
1905 (± 3 Jahre)

Spiel & Sport
Wie heißt das alte aus China stammende Brettspiel?
Go
Wie heißt beim Pokern eine Kombination aus Drilling und Paar?
Fullhouse (Fullhand)
Wie nennt man die Gangart des Springers beim Schach?
Rösselsprung
Wer war Wilhelm Steinitz?
Der erste Schachweltmeister
Wie weit könnte ein Mensch springen, wenn er die gleiche Sprungkraft wie ein Floh hätte?
Ca. 360 m (± 50 m)

Natur & Umwelt
Wie viele Liter kann ein Kamel in 10 Minuten trinken?
Ca. 130 l (± 20 l)
Welcher Krebs trägt seinen Hinterleib in einem Gehäuse?
Einsiedlerkrebs
Wie viele Halswirbel hat der Mensch?
Sieben
Welche Kletterpflanze braucht man zum Bierbrauen?
Hopfen
Was wird aus der weißen Flüssigkeit des Gummibaums hergestellt?
Kautschuk

Natur & Umwelt
Welches Säugetier wiegt bis zu 20-mal mehr als ein Elefant?
Blauwal
Wie viel Volt Spannung kann ein Zitterrochen erzeugen?
220 Volt (± 20 Volt)
Wie heißt die Atmosphärenschicht, die durch Treibgase geschädigt wird?
Ozonschicht
Welche Fliege überträgt die Schlafkrankheit?
Tsetsefliege
Welchen englischen weiblichen Namen trägt die Frucht des Ölbaums?
Olive

Natur & Umwelt
Wie heißt der Sammelbegriff für Orangen, Mandarinen und Zitronen?
Zitrusfrüchte
Wie viele Körner Roggen braucht man ungefähr für ein kg Mehl?
Ca. 30 000 (± 5 000)
Aus welchem Land stammen der Nymphensittich und der Wellensittich?
Australien
Welche Vogelart trommelt mit dem Schnabel gegen Bäume?
Der Specht
Warum kriechen Regenwürmer bei starkem Regen aus der Erde heraus?
Um nicht zu ersticken

Natur & Umwelt
Wie nennt man Tiere, die sowohl auf dem Land wie auch im Wasser leben?
Amphibien
Wie lautet der Name einer sehr giftigen Kirsche?
Tollkirsche
Wie alt können Riesenschildkröten werden?
190 Jahre (± 10 Jahre)
Wie heißen die schnellsten Hunde der Welt?
Greyhounds
Welche heimische Orchideenart hat mit Damenbekleidung zu tun?
Frauenschuh

Natur & Umwelt
Wo befinden sich Hammer, Amboss und Steigbügel?
Im menschlichen Ohr
Welches Tier kann auf einmal das Zehnfache seines Körpergewichts an Nahrung aufnehmen?
Der Blutegel
Wie heißt der heilige Baum der Griechen?
Lorbeerbaum
Wie viele Arten von Blütenpflanzen gibt es auf unserer Erde?
Ca. 200 000 (± 20 000)
Wie viele Stacheln hat ein ausgewachsener Igel?
Ca. 9 000 (± 1 000)

Natur & Umwelt
Wie heißt die Gesamtheit der pflanzlichen Lebewesen?
Flora
Welche Tiere orientieren sich durch Ultraschall?
Die Fledermäuse
Wie heißt das Säugetier, das Eier legt?
Schnabeltier
Welcher Vogel lässt seine Jungen von Pflegeeltern aufziehen?
Der Kuckuck
Für welchen Tierfilm wurde Professor Grzimek mit dem Oscar ausgezeichnet?
Die Serengeti darf nicht sterben

Wissenschaft & Technik
Was ist ein „Nürnberger Ei"?
Taschenuhr
Was erfand Louis Braille?
Die Blindenschrift
Bei welcher Temperatur hat Wasser die größte Dichte?
4° C
Aus welchem Rohstoff werden Kerosin und Petroleum gemacht?
Erdöl
Was ist Arbeit, physikalisch gesehen?
Kraft mal Weg

Wissenschaft & Technik
Wie nennt man ein trichterförmiges Sprachrohr?
Megafon
Was ist mit dem griechischen Wort „Galaxis" gemeint?
Das Milchstraßensystem
Wie heißt die Lehre vom Licht?
Optik
Wie heißt das bekannte Antibiotikum eines Schimmelpilzes (von Fleming entdeckt)?
Penicillin
Wo liegt der absolute Nullpunkt?
Bei minus 273,16° C (273° C ist o.k.)

Wissenschaft & Technik
Was passiert mit Phosphor, wenn er mit Luft in Berührung kommt?
Er verbrennt
Wie viel PS hatte der erste Motorwagen von Carl Benz?
1 PS
Welche „moderne" Heizmethode wurde bereits von den Römern erfunden?
Die Fußbodenheizung
Wolfram hat den höchsten Schmelzpunkt aller Elemente? Wie hoch ist er?
3422° C (± 500° C)
Welcher der folgenden Stoffe leitet elektrischen Strom: Kunststoff, Papier, Kohle, Gummi, Glas?
Kohle

Wissenschaft & Technik
Wann wurde der Kugelschreiber erfunden: 1890, 1918, 1938 oder 1952?
1938
Was war der Explorer I?
Der erste amerikanische Erdsatellit
Mit welchem Medikament begann 1899 die Verwendung synthetischer Heilmittel?
Mit dem Aspirin
Wie viele Chromosomenpaare hat der Mensch?
23
Wie heißt das Ergebnis einer Multiplikation?
Produkt

Wissenschaft & Technik
„Fe" ist das chemische Symbol für ...?
Eisen (Ferrum)
Was wird aus einem geschliffenen Diamant?
Ein Brillant
Wie heißt das erste Atom-U-Boot der USA?
Nautilus
Wie nennt man einen Aufzug aus mehreren Kabinen an einer sich ständig bewegenden Kette?
Paternoster
Wie nennt man eine Maschine, die ständig Energie erzeugt, ohne Energie zugeführt zu bekommen? (Reine Theorie)
Perpetuum mobile

Wissenschaft & Technik
Was ist das Gegenteil der Zeitlupe?
Zeitraffer
Was bedeutet 1 Mach?
Überschallgeschwindigkeit
Wie nennt man die Wissenschaft der Handschriftendeutung?
Graphologie
Wie müsste ein Bleistift korrekt heißen?
Graphitstift
In welchem Jahr startete in den USA das Farbfernsehen?
1951(± 2 Jahre)

Film & Unterhaltung
Welcher Filmpreis wird seit 1928 vergeben?
Der Oscar
Wie heißt der Hitchcock-Thriller, in dem Anthony Perkins einen Psychopathen
spielt?
Psycho
Mit welchem amerikanischen Dramatiker war Marilyn Monroe verheiratet?
Arthur Miller
Unter welchem deutschen Namen wurden Stan Laurel und Oliver Hardy
bekannt?
Dick und Doof
Wer spielte im Klassiker „Vom Winde verweht" die männliche Hauptrolle?
Clark Gable

Film & Unterhaltung
In welchem Genre wurde der erste Film gedreht?
Western
Welcher Schauspieler spielte die Rollen des „Rocky" und des „Rambo"?
Silvester Stallone
Nenne einen der beiden Filme, die 11 Oscars erhielten?
Ben Hur / Titanic
Wie heißt der berühmteste James Bond?
Sean Connery
Welcher große Film von Sergej Eisenstein wurde 1925 uraufgeführt?
Panzerkreuzer Potemkin

Film & Unterhaltung
Für welchen Film waren 15 000 Komparsen, 50 Galeeren und 15 Mill. Dollar not-
wendig?
Ben Hur
Welche teuflische Filmgestalt hat ihre Heimat in Rumänien?
Dracula
Wie lautete der frühere Name der Monaco-Fürstin Gracia Patricia?
Grace Kelly
Welcher Film hat eine echte Meuterei nacherzählt?
Meuterei auf der Bounty
Welcher Film endet mit den Worten „Nobody is perfect"?
Some Like It Hot (Manch mögens heiß)

Film & Unterhaltung
Wie heißt die Filmmetropole der Welt?
Hollywood
Welcher Film gewann sowohl für Teil 1 als auch für Teil 2 einen Oscar?
Der Pate (The Godfather)
Welcher Film trägt den Namen einer marokkanischen Stadt?
Casablanca
Wie hieß das berühmte Schauspieleridol, das 1955 bei einem Autounfall starb?
James Dean
Wie viele Einzelbilder flimmern bei einem Tonfilm pro Sekunde über die Leinwand?
24 (± 2)

Film & Unterhaltung
Welcher Filmklassiker spielt im Wien der Nachkriegszeit?
Der Dritte Mann
Wie heißt der Vater von Michael Douglas?
Kirk Douglas
Stanley Kubrick wurde durch eine Weltraum-Odyssee berühmt. Welches Jahr steht im Titel?
2001
Welcher Schauspieler schrieb, spielte und drehte den Film "Modern Times"?
Charlie Chaplin
Welcher berühmte Western spielt in Echtzeit (knapp 90 Minuten)?
High Noon (12 Uhr mittags)

Film & Unterhaltung
Welcher Trickfilm war der erste, der einen Oscar erhielt?
The Beauty and the Beast (Die Schöne und das Biest)
Welcher amerikanische Präsident war Filmschauspieler?
Ronald Reagan
Welche Farbe hat Batmans Maske?
Schwarz
Wozu dient im Atelier der Galgen?
Als Träger eines Mikrofons
Welches war der erste abendfüllende Zeichentrickfilm?
Snow White and the Seven Dwarfs

Literatur & Malerei

Wie nennt man den Wiederauftritt von Künstlern nach längerer Pause?
Comeback
Wie heißt das berühmteste Frauenbildnis der Malerei?
Mona Lisa
Hat eine Büste in der Bildhauerei Arme?
Nein
Wer schrieb die Ballade „Das Lied von der Glocke"?
Friedrich Schiller
Wie nennt man die Wiederherstellung eines Gemäldes?
Restauration

Literatur & Malerei

Wie heißt der treue Knappe von Don Quixote?
Sancho Pansa
Wie heißt das Werk von George Orwell, das sich mit dem Stalinismus auseinander setzt?
Animal Farm
Welcher Maler schnitt sich ein Ohr ab?
Vincent van Gogh
Welchen berühmten Detektiv schuf Sir Arthur Conan Doyle?
Sherlock Holmes
Wozu verwendet man das Haar vom Kolinski-Rotmarder?
Für Pinsel

Literatur & Malerei

Welche Farbe erhält man bei Mischung von rot und blau?
Violett
Wie heißt die Wandmalerei, die auf feuchtem Putz aufgetragen wird?
Fresko
Welcher berühmte Racheroman wurde von Alexandre Dumas geschaffen?
Der Graf von Monte Christo
Georges Simenon schuf einen bekannten Detektiv. Wie heißt er?
Maigret
Wer schrieb „Die Schachnovelle"?
Stefan Zweig

Literatur & Malerei

Wie heißen Zeichnungen zu einem Text?

Illustrationen

In welchem Buch hat Rudyard Kipling den Urwald verherrlicht?

Das Dschungelbuch

Aus welchem berühmten Drama stammt der Mephistopheles?

Faust

Wie nennt man die Namenszeichen eines Künstlers auf seinem Werk?

Monogramm

Welcher Roman hat der Weltöffentlichkeit das Schicksal der Sklaven vor Augen geführt?

Onkel Toms Hütte (Uncle Tom's Cabin)

Literatur & Malerei

Wer malte „Das Abendmahl"?

Leonardo da Vinci

Wie heißt der geheimnisvolle Diktator in George Orwells 1984?

Big Brother

Welcher Held wohnt in Sherwood Forest?

Robin Hood

Zwei berühmte österreichische Maler starben im Jahr 1918. Nenne einen der beiden.

Gustav Klimt / Egon Schiele

In welcher Zeit spielt der Krimi „Der Name der Rose"?

Im Mittelalter

Literatur & Malerei

Aus welcher Gegend stammt Don Quixote?

Aus La Mancha

Bei welcher Literatursparte gibt es die Auszeichnungen „Hugo" und „Nebula"?

Bei Sciencefiction

Welcher Maler des 20. Jahrhunderts schuf ca. 13 500 Gemälde?

Pablo Picasso

Bei Peter Brueghels Hochzeitsfest sorgt ein Musikinstrument für Stimmung. Welches?

Ein Dudelsack

In welche Schule geht Harry Potter?

Hogwarts

Geografie & Wirtschaft
Wie heißt die älteste noch heute existierende Hauptstadt der Welt?
Damaskus
Wie viel Prozent der Erdoberfläche bedeckt der größte Kontinent Asien?
8,9 % (± 1 %)
Für welche zwei landwirtschaftlichen Produkte ist Kuba bekannt?
Tabak und Zucker(rohr)
Welche Gebirgsart sind die Alpen?
Faltengebirge
Wie heißt der höchste Berg Griechenlands?
Olymp

Geografie & Wirtschaft
Wie nennt man den Zustand der Atmosphäre zu einem bestimmten Zeitpunkt?
Wetter
Wie heißt Finnland auf finnisch? (Autokennzeichen SF)
Suomi
Welches Meer hat den höchsten Salzgehalt?
Das Rote Meer
Welche zwei Staaten grenzen an den Mount Everest?
China und Nepal
Welcher Fluss fließt durch den Bodensee?
Der Rhein

Geografie & Wirtschaft
Wie heißt die Zone, wo Land und Meer zusammentreffen?
Küste
Wie heißt eine Quelle mit einer Temperatur von mindestens 20° C?
Thermalquelle
In welcher Stadt befindet sich der erste Zoo der Welt?
In Wien
In welcher Straße befindet sich der wichtigste Börsenplatz der Welt?
In der Wall Street (New York)
Welchen Maßstab hat die Deutsche Grundkarte?
1:5000

Geografie & Wirtschaft
Wie nennt man ein nur in der Regenzeit mit Wasser gefülltes Trockental?
Wadi
Wie viele Tage beträgt die Umlaufzeit des Mondes um die Erde?
27 Tage
Welche Hauptstadt wurde besonders durch eine Zigarre bekannt?
Havanna
Wie viel der Masse eines Eisbergs erhebt sich als Spitze aus dem Wasser: 1/3, 1/6,
1/9 oder 1/12?
1/9
Welche zwei Staaten teilen sich die Antilleninsel Hispaniola?
Haiti und Dominikanische Republik

Geografie & Wirtschaft
Wie lautet die Übersetzung des Namens für Japan?
Land des Sonnenaufgangs
Wie hieß die griechische Währungseinheit vor dem Euro?
Drachme
Wie heißt der Fachausdruck für Geldentwertung?
Inflation
Auf welchem Längengrad liegt die Datumsgrenze?
Auf dem 180. Längengrad
Welches ist die älteste Nationalflagge der Welt?
Die Dänische (Danebrog)

Geografie & Wirtschaft
Welcher afrikanische Staat wurde durch freigelassene Negersklaven ausgerufen?
Liberia (1847)
Wie heißt der längste Fluss Australiens?
Darling
Wer heizt die westeuropäische Küste auf?
Der Golfstrom
Ungefähr wie viele Kilometer beträgt der Erdumfang?
Ca. 40 000 km (± 2000 km)
Wie viele Kilometer trennen Afrika von Gibraltar?
Ca. 16 km (± 2 km)

Buntes Allerlei

Mit welchem Sonntag beginnt die Karwoche?
Palmsonntag
Wie heißt die erste Porzellanmanufaktur in Europa (1709)?
Meißner Porzellan
Welche Farben muss man mischen um weiß herzustellen?
Alle Farben des Spektrums
Ab welchem IQ ist man ein Genie?
Ab 140
Was ist ein Abakus?
Ein Rechenbrett

Buntes Allerlei

Welche Zeit brach am 7. April 1980 in Deutschland an?
Die Sommerzeit
Wer trägt seit dem 15. Jahrhundert den Fischerring?
Der Papst
Wie nennt man eine staatlich geprüfte Geburtshelferin?
Hebamme
Wie nennt man den „Tag der Liebenden", den 14. Februar?
Valentinstag
Wie nennt man jemanden, der sich Wissen nur durch Selbstunterricht beibringt?
Autodidakt

Buntes Allerlei

Wenn es in Mitteleuropa 12 Uhr Mittags ist, wie spät ist es dann in New York?
6 Uhr Früh
Welchen Wert hatten die beiden ersten Briefmarken, die 1840 ausgegeben wurden?
One Penny und Two Pence
Ein Schaltjahr dauert 366 Tage. In welchem Zeitabstand fällt der Schalttag im Kalender aus?
Alle 100 Jahre
Wann fand der erste Atlantikflug in Ost-West- Richtung statt?
1928 (± 2 Jahre)
Wie hieß der erste künstliche Satellit im All?
Sputnik

© Cornelsen Verlag Scriptor, Berlin • Die Fundgrube für Spiele • Quiz 15

Buntes Allerlei

Wie nennt man ein Gemälde aus bunten Steinchen?

Mosaik

Welches Geld gibt man, wenn man vor etwas flieht?

Fersengeld

Welche Farbe hat das Fach für die Zahl 0 beim Roulette?

Grün

Wie viele Suren hat der Koran?

114 (± 10)

Welches ist der älteste pflanzliche Farbstoff?

Indigo

Buntes Allerlei

Welche Zahl gilt seit Jahrhunderten als die heilige Zahl?

Sieben

Welches Sternzeichen folgt auf den Löwen?

Jungfrau

Welche Brauselimonade bekam nach 99 Jahren einen neuen Geschmack?

Coca-Cola

Was ist Mau-Mau?

Ein Kartenspiel

Auf welcher Brücke tanzen in einem französischen Kinderlied alle im Kreise?

Auf der Brücke von Avignon (Sur le pont d'Avignon)

Buntes Allerlei

Wie nennt man eine Brille mit nur einem Glas?

Monokel

Unter welchem Namen wurde Giovanni Jacopo de Seingalt berühmt?

Casanova

Was bedeutet die Abkürzung ISBN?

Internationale Standard Buchnummer

Was hatte man früher auf dem Kerbholz?

Schulden

Was versteht man unter Philatelie?

Briefmarkenkunde

Buntes Allerlei

Welches deutsche Wort bezeichnet u.a. eine Schachfigur, einen Teppich und einen Athleten?

Läufer

Was bedeutet ...---... in der Morseschrift?

SOS

Welches Spiel wird in den Harry Potter-Romanen gespielt?

Quiddich

In Frankreich kann man seit 1986 ein Kleidungsstück aus Automaten beziehen. Welches?

Jeans

Seit wann wird der Nobelpreis vergeben?

Seit 1901

Buntes Allerlei

Wie heißen die vier Blutgruppen?

A, B, AB und 0 (null)

In welchem Jahrhundert regierte Shaka Zulu ein Riesenreich im Süden Afrikas?

Im 18. Jh.

Aus welchem Land stammt die Chrysantheme?

Aus China

Wie nennt man lippensynchrones Agieren, besonders bei Gesangsdarbietungen?

Playback

Wie hieß die Züchterin des schwach säuerlichen Granny Smith-Apfels?

Granny Smith

Buntes Allerlei

Gibt es am Klavier mehr schwarze oder mehr weiße Tasten?

Mehr weiße

Wie nennt man das Essvergnügen, bei dem sich alle aus einem Topf bedienen?

Fondue

Was muss man ehren, um des Talers wert zu sein?

Den Groschen

Was trägt ein echter Schotte unter dem Kilt?

Nichts

Wie heißt das Oberhaus im britischen Parlament?

House of Lords

Buntes Allerlei
Welche Geschwindigkeit misst man mit der Beaufort-Skala?
Die Windgeschwindigkeit
Wie alt war Alexander der Große bei seinem Tod?
33 Jahre (± 3 Jahre)
Wer wurde unter der Nummer 007 bekannt?
James Bond
Mit welcher Jagdwaffe aus Bambus oder Holz werden Giftpfeile verschossen?
Mit dem Blasrohr
Welches ist nach Müller, Schmidt und Schneider der vierthäufigste deutsche Familienname?
Fischer

Buntes Allerlei
Von welchem Indianerstamm war Crazy Horse Häuptling?
Von den Sioux
Welche Art von Bett erfand der Amerikaner Hall als Mittel gegen seine Schlaflosigkeit?
Das Wasserbett
Was wird beim 50jährigen Ehejubiläum gefeiert?
Die Goldene Hochzeit
Unter welchem Namen reist man incognito?
Unter falschem Namen
Wie geht dieser Song weiter: „Rote Lippen soll man küssen, ...?"
... denn zum Küssen sind sie da ...

Buntes Allerlei
Welches Kartenspiel aus Südamerika verlangt das Bilden von Siebenerreihen?
Canasta
Was ist der höchste militärische Grad bei der Marine?
Admiral
Ab welcher Tiefe besteht die Gefahr eines Tiefenrausches?
Ab 50 m (± 5 m)
Was bedeutet das russische Wort „mir"?
Frieden
Wie heißt bei den Juden der 7. Tag der Woche, der Ruhe- und Feiertag?
Sabbat

Comics, Märchen und Sagen
Wie heißt Aschenputtel in Amerika?
Cinderella
Wer schuf Winnetou und Old Shatterhand?
Karl May
Mit wem ist der Kleine Wolf befreundet?
Mit den drei kleinen Schweinchen
Welcher Mann zieht schneller als sein Schatten?
Lucky Luke
Welche Bürger vergaßen Fensteröffnungen ins Haus zu machen?
Die Schildbürger

Comics, Märchen und Sagen
Aus welchem Buch stammt „Der Suppenkaspar"?
Struwwelpeter
Welche Comicfigur heißt auf Deutsch „Gänseblümchen"?
Daisy
Welchen Spruch gebrauchte Ali Baba um in die Höhle der 40 Räuber
zu gelangen?
Sesam öffne dich!
Welche Comicfigur schufen Goscinny und Morris?
Lucky Luke
Wie alt war Dornröschen, als es von einem Prinzen aus dem Schlaf geküsst
wurde?
115 Jahre

Comics, Märchen und Sagen
Welcher Kater war bereits ein Comicerfolg, bevor Micky Maus geboren wurde?
Felix
Wie nennt man im Volksglauben Haus- und Hofgeister?
Kobolde
Wer ist Barney Geröllheimer?
Der Freund von Fred Feuerstein
Wie viele abenteuerliche Seereisen machte Sindbad?
Sieben
Wie heißt der Maler in Wilhelm Buschs Geschichte?
Maler Klecksel

Musik

Welche Beatles-Melodie wurde am häufigsten von anderen Künstlern interpretiert?
Yesterday
Welcher große Opernkomponist wurde vom Konservatorium in Mailand abgewiesen?
Giuseppe Verdi
Wie heißt der berühmte spanische Tanz von Maurice Ravel?
Bolero
Welche Oper komponierte Giuseppe Verdi zur Eröffnung des Suezkanals?
Aida
Welches Liebespaar aus der mittelalterlichen Sage wurde Stoff einer Wagneroper?
Tristan und Isolde

Musik

Wie viele Dur-Tonarten gibt es: 6, 12, 16 oder 18?
12
Welcher amerikanische Country-Sänger trat aus Protest nur in schwarzer Kleidung auf?
Johnny Cash
Welche schwedische Pop-Gruppe gewann den Grand Prix d'Eurovision und wurde weltberühmt?
ABBA
Wer gewann 1966 mit „Merci, Cherie" den Grand Prix de la Chanson?
Udo Jürgens
Zu welcher Oper schrieb Georges Bizet die Musik?
Carmen

Musik

Wer sang „Michelle" und „Hey Jude"?
Die Beatles
Wie nennt man eine russische Laute mit dreieckigem Rumpf?
Balalaika
Wer schrieb die Musik zu „Jesus Christ Superstar"?
Andrew Lloyd Webber
Wer sang das Lied „Lili Marleen"?
Lale Andersen
Wie nennt man das Textbuch einer Oper?
Libretto

Musik

In welchem Jahrhundert entstand das Wort Walzer als Tanzbezeichnung?
Im 18. Jahrhundert
Welches legendäre Popfestival fand 1969 statt?
Woodstock
Wie viele Opern schrieb Beethoven?
Eine
Aus welcher Stadt stammt Elvis Presley?
Memphis (Tennessee)
Welcher Rockstar heißt mit seinem richtigen Namen Robert Zimmermann?
Bob Dylan

Musik

Was wurde im Billboard am 4.1.1936 zum ersten Mal veröffentlicht?
Die Hitparade
Wie heißt die letzte Single der Beatles?
Let it Be
Welcher amerikanische Sänger bekam die erste Schallplatte aus Platin?
Bing Crosby
Wie lautet der Name der Beatles-eigenen Schallplattenfirma?
Apple
Welcher deutschsprachige Sänger wurde durch seine Seemannslieder berühmt?
Freddy Quinn

Musik

In welchem Takt ist der Walzer geschrieben?
Im 3/4 Takt
Welcher österreichische Erzherzog wurde in einem Jodler verewigt?
Erzherzog Johann
Welcher Komponist ist im Köchelverzeichnis zu finden?
Wolfgang Amadeus Mozart
Wer schrieb den Walzer „An der schönen blauen Donau"?
Johann Strauß Sohn
In welchem Takt ist ein Blues geschrieben?
Im 4/4 Takt

DALLI, DALLI

Spielerzahl: 2 bis 30+
Gruppenzusammensetzung: beliebig
Alter: ab 10
Dauer: ab 5 Minuten (variabel)
Glück/Wissen (insgesamt 10 Punkte) – 5:5
Entstehungszeit: unbekannt
Autor: diese Version Hugo Kastner
Unterrichtsgegenstand: Alle Gegenstände
Material: Begriffe und Fragen (100), Alphabetkärtchen, Spielchips, eventuell
Spielkarten

Wo bleibt der geistige Turbo?
DALLI, DALLI verlangt von den Spielern die Fähigkeit schnell zu denken.
Wie kaum ein anderes Spiel dieser Sammlung reicht das pure Wissen
nicht aus, um bei diesem Quiz zu bestehen. Gerade aus diesem Grund
aber haben Kinder durchaus ihre Chancen, selbst gegen belesene Erwachsene. Wenn Sie sich nicht auf den Moment konzentrieren können,
werden Sie bei DALLI, DALLI kaum zum Zug kommen. Aber auch hier
hilft Training enorm weiter. Also, „dalli, dalli!"

Spielziel
Zu unterschiedlichsten Begriffen oder Fragen müssen Sie mit einem ganz
bestimmten Buchstaben schnell ein Beispiel finden.

Spielvorbereitung
Bilden Sie in der Klasse 4 bis 6 Teams und geben Sie jedem Team fünf Spielchips.

Spielablauf
Der Spielleiter liest einen Begriff oder eine Frage vor und zieht anschließend
einen Buchstaben aus den Alphabetkärtchen. Die Spieler müssen nun versuchen, möglichst blitzartig ein Beispiel mit eben diesem Buchstaben zu finden. Die Gruppe, die zuerst eine Lösung ruft, darf einen Spielchip abgeben.
Gelingt es innerhalb von ca. 5 Sekunden keiner Gruppe, ein Beispielwort zu

finden, wird zur gleichen Frage noch einmal ein neuer Buchstabe gezogen.

Spielende

Sobald eine Gruppe alle fünf Spielchips abgegeben hat, endet das Spiel. Die Plätze werden entsprechend der noch vorhandenen Spielchips vergeben. Liegen zwei oder mehrere Gruppen gleich auf, gibt es ein Stechen zwischen diesen Gruppen.

Bemerkungen

Wenn Sie längere Spielphasen lieben, können Sie mit mehr als fünf Spielchips pro Gruppe starten. Jedenfalls eignet sich gerade dieses Spiel auch wunderbar zum Einsatz im Fremdsprachenunterricht, besonders in Englisch. Sie finden daher zu allen Begriffen und Fragen die englische Übersetzung. Je nach Altersstufe können Sie Fragen weglassen oder gezogene Buchstaben verwerfen und neue auswählen.

Falls Sie sich die Arbeit mit den Alphabetkärtchen ersparen wollen, ist es durchaus denkbar, einfach ein Buch bei einer beliebigen Seite zu öffnen und mit einem Stift auf einen Buchstaben zu zeigen. Dieser wird nun laut vorgelesen. Jedenfalls müssen Sie bedenken, dass bei diesem Wahlsystem häufige Buchstaben öfter genannt werden als seltene.

Ebenso bleibt es Ihrem Gespür überlassen, ob Sie eine Fragen-Begriffe-Serie nach der anderen durchspielen wollen, oder lieber durch zwei Spielkartensätze (von Ass bis 10) Serie und Frage bestimmen, etwa rot für die Serie, schwarz für die Frage. Ich persönlich schätze diese letzte Methode, da sich dadurch überraschende Spielsituationen ergeben.

Taktische Hinweise

Es geht nur um das Tempo, daher hilft keine noch so ausgeklügelte taktische Überlegung.

BEGRIFFE und FRAGEN

Nenne mit dem Buchstaben ...

Serie 1

1. Ein Buch oder ein literarisches Werk (der Artikel wird weggelassen)
   A book or a literary work
2. Einen Politiker (Familienname)
   A politician (surname)
3. Eine Naturerscheinung
   A natural phenomenon
1. Ein Kleidungsstück
   An article of clothing
2. Etwas aus der Schule
   Something found in school
3. Einen Stern oder ein Sternbild
   A star or a constellation of stars
4. Einen Maler oder Bildhauer
   A painter or sculptor
5. Eine Oper oder Operette
   An opera or operetta
6. Eine Sprache
   A language
7. Einen Teil vom Auto
   A part of a car

Serie 2

1. Was ist Liebe?
   What is love?
2. Was trinkst du gern?
   What do you like to drink?
3. Was möchtest du werden?
   What would you like to become?
4. Wer oder was fliegt?
   Who or what flies?
5. Was braucht man zum Bauen?
   What does a builder need?
6. Was soll man nicht sein?
   What should one not be?

7. Was erlebt man auf der Reise?
   What do you experience on a journey?
8. Was isst du gern?
   What do you like to eat?
9. Was sieht man auf dem Spazierweg?
   What can you see when going for a walk?
10. Was macht glücklich?
    What makes you happy?

Serie 3

1. Welches Gefühl hast du im Augenblick?
   How dou you feel at the moment?
2. Was machst du am Wochenende?
   What do you do at the weekend?
3. Was sammelst du?
   What do you collect?
4. Wie findest du das Leben?
   How do you see life?
5. Was hat jeder einmal?
   What does everyone have from time to time?
6. Vor was fürchtest du dich?
   What frightens you?
7. Was ärgert dich?
   What annoys you?
8. Was ist schwarz?
   Name something black?
9. Was wünschst du deinem Nachbarn?
   What do you wish for your neighbour?
10. Was fehlt den meisten Menschen?
    What do most people lack?

Serie 4

1. Ein Palindrom – ein Wort, das man vorwärts und rückwärts lesen kann
   A palindrome – a word that can be read forwards or backwards
2. Ein Wort, das ein neues ergibt, wenn der erste Buchstabe wegfällt
   A word that forms a new word when the first letter is dropped
3. Ein Wort mit „ei" am Ende
   A word ending in „tion"

4. Ein Wort, das auf „ling" endet
   A word ending in „ment"
5. Ein Wort, das ein neues ergibt, wenn der letzte Buchstabe wegfällt
   *A word that forms a new word when the last letter is dr*opped
6. Ein Wort mit „heit" am Ende
   A word ending in „ness"
7. Ein Wort, in dem ein Doppelvokal vorkommt
   A word containing a double vowel
8. Ein Wort, das zwei Bedeutungen hat
   A word with two meanings
9. Ein vier- oder mehrbuchstabiges Wort, in dem alle Buchstaben auf- oder absteigend gelesen werden
   A word containing four or more letters with all the letters running from A – Z or from Z – A
10. Ein Wort, das auf einen Doppelkonsonanten endet
    A word ending in a double consonant

Serie 5

1. Ein Fluss
   A river
2. Ein Spiel (Artikel wird weggelassen)
   A game (without the article)
3. Ein Liedanfang (Artikel wird weggelassen)
   The beginning line of a song (without the article)
4. Eine Sagen- oder Heldengestalt
   A legendary hero
5. Eine Farbe
   A colour
6. Ein Komponist
   A composer
7. Ein Sportgerät
   An article of sports equipment
8. Ein Musikinstrument
   A musical instrument
9. Ein Verkehrsmittel
   A means of transport
10. Ein Dichter oder Schriftsteller
    A poet or author

Serie 6
1. Teil eines Gebäudes
   Part of a building
2. Eine Frucht
   A fruit
3. Eine Blume
   A flower
4. Etwas Seltenes
   Something rare
5. Ein Haushaltsgerät
   A household article
6. Etwas Unsichtbares
   Something invisible
7. Ein Baum
   A tree
8. Ein Kosename
   A pet name
9. Ein Sprichwort (Artikel weglassen)
   A proverb (without the article)
10. Ein Fisch
   A fish

Serie 7
1. Ein Handwerkszeug
   A tool
2. Ein See
   A lake
3. Etwas aus diesem Raum
   Something in this room
4. Ein Filmstar
   A film star
5. Ein Teil vom menschlichen Körper
   A part of the human body
6. Ein Vogel
   A bird
7. Ein Beruf
   A profession
8. Ein Wort aus der Landwirtschaft

A word used in agriculture
9. Eine Tugend
   A virtue
10. Ein Berg oder ein Gebirge
    A mountain or a mountain range

Serie 8
1. Ein Märchen oder eine Sage (Artikel wird weggelassen)
   A fairy tale or legend (without the article)
2. Eine Erfindung
   An invention
3. Ein Teil eines Autos
   A part of a car
4. Ein Naturprodukt
   A product of nature
5. Ein wildes Tier
   A wild animal
6. Ein Schmuck
   An article of jewellery
7. Ein Insekt
   An insect
8. Eine Persönlichkeit aus der griechisch-römischen Zeit
   A Greek or Roman personality
9. Eine Sportart
   A sport
10. Eine Fernsehsendung (Artikel wird weggelassen)
    A TV programme (without the article)

Serie 9
1. Ein chemisches Element
   An element
2. Eine Comicfigur
   A comic character
3. Ein Popgruppe
   A popgroup
4. Ein Sternzeichen (deutsch, englisch, chinesisch)
   A sign of the zodiac (German, English, Chinese)
5. Ein Filmtitel (Artikel wird weggelassen)

A film title (without the article)

6. Etwas aus dem Badezimmer
   Something in the bathroom
7. Eine Währung
   A currency
8. Eine Bibelgestalt
   A biblical character
9. Ein Schriftsteller
   A writer
10. Ein Spielzeug
    A toy

Serie 10

1. Etwas Rotes
   Something red
2. Etwas Grünes
   Something green
3. Etwas Blaues
   Something blue
4. Etwas Gelbes
   Something yellow
5. Eine Assoziation mit „Begräbnis"
   Something you associate with „funeral"
6. Eine Assoziation mit „China"
   Something you associate with „China"
7. Eine Assoziation mit „Japan"
   Something you associate with „Japan"
8. Eine Assoziation mit „Jesus Christus"
   Something you associate with „Jesus Christ"
9. Was fällt dir zum Schach ein?
   What comes to your mind when you hear the word „chess"?
10. Was fällt dir zu Tennis ein?
    What comes to your mind when you hear the word „tennis"?

RATESPIELE

Auf den ersten Blick scheint diese Familie weniger Anforderungen an die Spieler zu stellen als andere Vertreter dieses Buches. Aber gerade diese scheinbare Leichtigkeit trägt zum äußerst vergnüglichen Zusammentreffen beliebig großer Spielergruppen bei. Selbstverständlich ist auch hier Wissen von Vorteil. Aber die Entscheidung über Gewinn oder Verlust kann oft auch dem Glück zugeschrieben werden. Umso stärker darf dafür betont werden, dass die Ratespiele eine enorm hohe Interaktivität bei allen Mitspielern erzeugen. Niemand kann sich dem „Mitdenken" entziehen und in manchen Fällen ist eine kurze Beratung von entscheidendem Vorteil.

Von der Regel her sehr einfach, dafür aber umso spannender und ungeheuer reizvoll ist das hier erstmals präsentierte Spiel GUINNESS. Es gilt, Rekorde zu erraten, ernsthafte, unwahrscheinliche und bisweilen fast bizarre. Für Schülergruppen aller Altersstufen geeignet, macht Guinness keinen Unterschied zwischen Jung und Alt, Erfahren und Unerfahren. Jeder Einzelne kann gewinnen, wenn er ein gewisses Gespür für das Mögliche mitbringt. Lassen Sie sich unbedingt auf diese Herausforderung ein.

Als weiteres Ratespiel stelle ich meine Variante des in Großbritannien entstandenen Spiels „I AM ..."-GAME vor. Äußerst kreativ, äußerst fordernd auch für den Spielmacher, kann hier ohne jedes Hilfsmittel Spannung erzeugt werden.

Zuletzt soll noch das altbekannte PANTOMIME in einer speziellen Spielform vorgestellt werden. Wieder wird blindes Raten mit hoher Kreativität gekoppelt. Eine wunderbare Ergänzung zum Unterricht.

Ein ganz bekannter Klassiker darf in dieser Sammlung nicht fehlen: SCHIFFE VERSENKEN. In der Teamversion hält dieses Spiel auch eine große Klasse jederzeit in Atem.

GUINNESS

Spielerzahl: 4 bis 30+
Gruppenzusammensetzung: beliebige Altersstufen
Alter: ab 10
Dauer: ab 20 Minuten
Glück/Können (insgesamt 10 Punkte) – 7:3
Entstehungszeit: 2001
Autor: Hugo Kastner
Unterrichtsgegenstand: Alle Gegenstände
Material: Fragenkatalog (12 Serien zu je 10 Fragen), eventuell „Guinness Buch
der Rekorde" oder Almanach

Die Jagd nach den Rekorden

Mit dem Spiel GUINNESS wird das uralte Bedürfnis des Menschen, sich
mit Rekorden zu beschäftigen, befriedigt. Es ist erstaunlich, wie stark dieses Spiel die Fantasie anspricht, wie oft es unmittelbar nach einer Schul-
stunde Diskussionen um die eine oder andere Bestleistung gibt. GUIN-
NESS ist auch nur sehr bedingt altersabhängig. Jeder Mitspieler hat fast
die gleichen Chancen, da viele der Antworten nicht wirklich mit Wissen zu
tun haben, sondern viel mehr mit dem Gefühl für eine mögliche Bestleistung. Ich habe es mehr als einmal erlebt, dass auch Lehrer fast süchtig
auf diese Rateaktivität wurden. Guinness kann ohne jede Vorbereitung
gespielt werden.

Spielziel

Die Spieler müssen versuchen, einen Rekord (entnommen dem „Guinness
Buch der Rekorde") möglichst genau zu erraten.

Spielvorbereitung

Bilden Sie 4 bis 6 Teams, jedes mit einem Sprecher, und beginnen Sie dann
unmittelbar mit der ersten Frage.

Spielablauf

Sie stellen eine Frage zu einem Rekord. Nach kurzer Beratung wird von
jedem Team eine Antwort vorgeschlagen, die am besten auf der Tafel festgehalten wird. Sofort danach erfolgt die Auswertung.

Wertung

Jede Einzelfrage wird bewertet und trägt damit zur Gesamtwertung bei.

Einzelfrage: Für jede Antwort werden Punkte vergeben, und zwar nach folgendem Schlüssel: (1) Bei vier Mannschaften bringen die Antworten 4 Punkte (beste), 3, 2 und 0. Das heißt, eine Mannschaft geht jeweils leer aus. Bei fünf Mannschaften wird mit 5 Punkten zu zählen begonnen, bei sechs Mannschaften mit 6 Punkten. (2) Eine Antwort, die innerhalb einer bestimmten Bandbreite liegt (siehe Fragenkatalog) bringt einen Bonus von 1 Punkt, egal wie viele Teams dieses Ziel erreichen. Theoretisch ist es daher möglich, dass sogar der schlechteste Rateversuch einen Punkt einbringt.

Gesamtwertung: Hier bieten sich zwei Zählweisen an.

1. Gespielt wird auf 21 Punkte, allerdings darf eine Mannschaft nur dann das Spiel beenden, wenn sie die letzte Frage am besten beantwortet hat. Ist dies nicht der Fall, wird weitergespielt, bis maximal 31 Punkte. Wer immer zuerst 31 Punkte erreicht, ist Gewinner des Spiels. Überschreiten mehrere Teams gleichzeitig diese Marke, gewinnt die Mannschaft mit den meisten Punkten.

2. Es werden genau 10 Fragen gestellt. Wer die meisten Punkte erreicht, gewinnt das Spiel. Bei dieser Zählweise ist auch eine Rekordleistung (bei zwei, drei, vier, fünf, etc. Spielern) möglich, ebenso aber auch die Berechnung einer persönlichen Durchschnittsleistung.

Beispiel:

Team	A	B	C	D	
Frage 1	3	4	2	0	
Frage 2	4/7	2/6	0/2	3/3	
Frage 3	4/11	5/11	2/4	0/3	A, B mit Bonus
Frage 4	0/11	2/13	4/8	3/6	
Frage 5	3/14	0/13	5/13	2/8	C mit Bonus
Frage 6	3/17	2/15	4/17	0/8	
Frage 7	0/17	5/20	4/21	2/10	B, C mit Bonus, B beendet nicht
Frage 8	0/17	4/24	3/24	2/12	B beendet nicht
Frage 9	3/20	4/28	0/24	2/14	B beendet
Plätze	3.	1.	2.	4.	

Bemerkungen

Kaum ein anderes Spiel dieser Sammlung vermittelt eine ähnlich prickelnde Stimmung wie GUINNESS. Durch die ausgeklügelte Zählweise, mit 0 Punkten für die schlechteste Antwort, und der Regel, dass nur eine Topantwort ein Beenden ermöglicht, ist es meist bis zuletzt unklar, wer letztlich der Gewinner sein wird. Aber ich möchte an dieser Stelle nochmals betonen: Es kommt gerade bei GUINNESS nicht so sehr auf den Punktestand an. Das Spiel lebt vom Moment der Enthüllung der richtigen Rekordantworten. Hier sind die Ahs und Ohs zu hören, die Wertung ist nur der äußere Rahmen.

Taktische Hinweise

Diese können hier entfallen.

Varianten

Zwei Varianten sind sehr interessant.

GUINNESS HIGH/LOW: Bei dieser Spielform wird die Klasse zunächst in zwei Gruppen geteilt. Eine Frage wird gestellt und vom Sprecher der ersten Mannschaft eine Antwort vorgeschlagen. Liegt diese innerhalb der Bandbreite (siehe Fragenkatalog), bekommt die Mannschaft 10 Punkte gutgeschrieben. Falls dies nicht der Fall ist, sagt der Spielleiter high oder low an (d. h. die richtige Antwort liegt höher oder niedriger). Nun hat die zweite Mannschaft die Chance, eine bessere Antwort zu geben, diesmal für 9 Punkte. Im Pingpong-System geht es dann weiter, bis endlich eine Antwort innerhalb der Bandbreite liegt. Die erreichten Punkte werden allerdings immer weniger (10−9−8−7−6−5−4−3−2−1), bis schließlich nach 10 Versuchen vom Spielleiter die korrekte Antwort vorgelesen wird. Gespielt wird wieder auf 21 Punkte (oder jeden anderen zuvor festgelegten Wert). Die Mannschaft, die eine Antwort innerhalb der Bandbreite findet, darf bei der nächsten Frage beginnen.

GUINNESS ALMANAC: Gespielt wird nach den obigen Regeln, allerdings nicht mit den im Katalog angeführten Fragen, sondern mit historischen, geografischen und ökonomischen Daten, die Sie als Lehrer einem Almanach, einem Lexikon und dergleichen entnehmen können. Diese Variante ist besonders für ältere Schülergruppen geeignet, wenn Sie bei Ihren Schülern neben dem Raten auch einen Lerneffekt, einen Wissenszuwachs anstreben. Die passenden Fragen müssen Sie zusammenstellen.

Beispiel Geografie
F: Wie viele Einwohner hat Großbritannien?
A: 59 Millionen. (Bandbreite 10%)
F: Welchen Weltrang hat Österreich flächenmäßig?
A: 113. (Bandbreite 10 Plätze)
F: Wie viele Beschäftigte hat General Motors?
A: 608 000. (Bandbreite 100 000)

Es geht auch ohne einen Schluck Guinness, wenn Sie einen Sinn für Bestleistungen haben.

Fragenkatalog

Einige spannende Fragen zu ausgewählten Gebieten habe ich bereits mehrfach ausgetestet. (BB = Bandbreite)

Gemeinschaft & Gesellschaft

1. Wie viele Jahre dauerte die längste Verlobung?
   67 Jahre (Octavio Guillen und Adriana Martinez aus Mexiko) / BB 5 Jahre

2. Wie viele Parlamentarier müssen in Großbritannien für eine Abstimmung mindestens anwesend sein?
   Im House of Lords 3, inklusive dem Lord Chancellor / BB 1

3. In welchem Jahr wurde zum ersten Mal in einem deutschen Land die Schulpflicht eingeführt?
   1819 in Preußen / BB 10 Jahre

4. Wie viele Jahre regierte der am längsten amtierende Schachweltmeister?
   26 Jahre 337 Tage, von 1894 bis 1921 Emanuel Lasker / BB 3 Jahre

5. Wie klein ist die niedrigste Geburtenrate (Geborene auf 100 Einwohner) eines unabhängigen Staates?
   0, Vatikanstadt / BB keine

6. Was ist die größte Zahl von Kandidaten, die je bei Wahlen antraten?
   301, 1985 in der indischen Stadt Belguum / BB 10 %

7. Seit wann hat Neuseeland als erstes Land uneingeschränktes Wahlrecht für Frauen?
   1893, in Europa war Finnland Nummer 1 (1907) / BB 5 Jahre

8. Wie groß war die bisher höchste Haftentschädigung (in Dollar)?
   1,935 Mio. $, für Robert McLaughlin, der 6 Jahre wegen Mord, den er nachweislich nicht begangen hatte, im Gefängnis verbrachte / BB 10 %

9. Mit wie viel Jahren konnte der jüngste Absolvent einen Hochschulgrad erreichen?
   9 Jahre und 4 Monate, Ganesh Sittampalan, GB, in Mathematik / BB 1 Jahr

10. Wie lange dauerte die längste Papstwahl?
    31 Monate, 1271 wurde Gregor X. gewählt, nachdem der Bürgermeister die Entscheidung erzwang, indem er den Kardinälen nur noch Wasser und Brot vorsetzte / BB 3 Monate

Geografie

1. Wie hoch liegt der höchste Punkt der Malediven?
   2,40 m / BB 1 m
2. Wie hoch liegt die höchstgelegene Hauptstadt Europas?
   Andorra 1061 m / BB 100 m
3. Wie hoch liegt das höchstgelegene Dorf Österreichs?
   Hochsölden in den Ötztaler Alpen 2150 m / BB 10 %
4. Wie groß war der höchste je gemessene Tidenhub (Flut)?
   16,6 m, 1953 in Quebec, Kanada / 10 %
5. Wie ist die Rekordtiefe eines österreichischen Sees?
   191 m, Traunsee / BB 10 %
6. Wie weit ist der Vatnajökull (2118 m) sichtbar?
   550 km, von den Färöern aus / BB 10 %
7. Wie hoch sind die größten Sanddünen?
   bis zu 465 m, in Algerien, sie sind fast 5 km lang / BB 50 m
8. Um wie viel übertrifft die Wasserführung des Amazonas die des Nils?
   60 mal / BB 10 %
9. Wie viele Prozent der Festlandoberfläche der Erde sind vereist?
   um die 9,5 %, 86 % entfallen auf die Antarktis, 11 % auf Grönland / BB 1 %
10. Welche Windgeschwindigkeit wurde in der Commonwealth Bay (Antarktis) gemessen?
    320 km/h / BB 10 %

Kunst & Medien

1. Wie klein ist das winzigste Mini-Porträt eines Frauenkopfes auf Leinwand?
   0,9 x 1,2 mm² (ca. 1 mm²) / BB keine
2. Seit wie vielen Jahren existiert die älteste geschriebene Sprache?
   ca. 6000, Chinesisch / BB 500 Jahre
3. Wie viele Schriftstücke umfasst die größte Bibliothek der Welt?
   ca. 106 000 000, Kongressbibliothek in Washington / BB 10 %
4. Seit wann erscheint der älteste heute noch existierende Comic-Strip?
   1897, Katzenjammer Kids, im New York Journal erschienen / BB 5 Jahre
5. Seit wann wird das Theaterstück „The Mouse Trap" ununterbrochen aufgeführt?
   1952 (25. November), nach einem Roman von Agatha Christie / BB 5 Jahre

6. In wie vielen Filmen wurde Bram Stokers Dracula dargestellt?
   ca. 160, Frankenstein brachte es auf ca. 120 / BB 10 %
7. In welchem Jahr wurde die erste Eurovision im TV ausgestrahlt?
   1953 (2. Juni), Krönungsfeierlichkeiten von Queen Elizabeth / BB 2 Jahre
8. Wie lange dauerte die längste Sendung der Fernsehgeschichte?
   163:18 Stunden (vom 19. bis 26. Juli 1969), Übertragung des Mondfluges von Apollo 11 im Australischen TV / BB 1 Stunde
9. Wie viele Oscars erhielten die beiden Rekordhalter „Ben Hur" und „Titanic"?
   11, gefolgt von „Vom Winde verweht" und „Westside Story" (je 10) / BB 1
10. Wie viele Mitwirkende hatte die größte Orchesteraufführung der Welt?
    20 100, im Ullevaal Stadion in Oslo spielten Kapellen aus ganz Norwegen / BB 10 %

Mensch
1. Wie groß war der größte Mensch der Medizingeschichte?
   272 cm, Robert Pershing Wadlow, wuchs bis zu seinem Tod immer noch / BB 10 cm
2. Wie viele Kilo betrug die größte Abmagerungskur?
   Ca. 420 kg, John Brower Minnoch, von 635kg auf 215 kg / BB 10 %
3. Wie viel wog das schwerste Baby bei der Geburt?
   10,2 kg / BB 1 kg
4. Wie viel verschiedene Farben kann das menschliche Auge unterscheiden?
   10 000 000, unter optimalen Bedingungen / BB 10 %
5. Wie lange brauchte der Gedächtniskünstler Dominic O'Brien, um ein Kartenspiel (52 Karten) vollständig zu memorieren?
   43,59 sek / BB 5 sek
6. Wie groß ist der größte Zellkörper, die Eizelle?
   0,1 mm / BB 0,1 mm
7. Welche Rekordkörpertemperatur hat ein Mensch überlebt?
   46,5°, nach einem Hitzschlag / BB 0,5°
8. Wie lange dauerte die längste Operation an einem Menschen?
   96 Stunden, wegen eines schwachen Herzens / BB 10 Stunden
9. Wie lange stand ein Inder ununterbrochen?
   17 Jahre, von 1955 bis 1973 / BB 2 Jahre
10. Wie viele Dezibel wurden als Brüllrekordmarke erreicht?
    128, durch Simon Robinson im Jahre 1988 / BB 10 Dezibel

Naturwissenschaft und Technik

1. Zu welcher Länge kann ein Gramm Gold ausgewalzt werden?
   2,4 km, Gold ist das dehnbarste Element / BB 250 m
2. Wie viele km/h beträgt der offizielle Weltrekord auf dem Wasser?
   511,11 km/h, auf einem Stausee aufgestellt / BB 50 km/h
3. Wie lange ist das längste Auto der Welt?
   30,5 m, mit Swimmingpool, Sprungbrett, Wasserbett, Hubschrauberlandeplatz, für 75 Passagiere / BB 3 m
4. Welche Flügelspannweite hatte das größte Papierflugzeug der Welt?
   9,15 m, von High School Schülern gebaut flog es 35 m weit / BB 1 m
5. Wie viele Tonnen wurden bei der größten Huboperation aller Zeiten bewegt?
   40 000 t, die 1,6 km lange Ekofisk Bohranlage in der Nordsee / BB 10 %
6. Bis zu wie viel Grad lässt sich eine Flamme erhitzen?
   4988°C / BB 10 %
7. Wie lange ist die Pipeline durch Alaska?
   1287 km, Durchmesser der Rohre 1,21 m / BB 10 %
8. Wie groß ist der kleinste Elektromotor der Welt?
   2 mm, in Mainz entwickelt, der Rotor dreht sich 6000-mal/min / BB 1 mm
9. Welchen Rekordwert erreicht der tiefste Wasserschacht der Welt?
   2231 m, in Montana, USA / BB 10 %
10. Welche Größe hat der kleinste Weihnachtsbaum aus Silizium?
    0,001 mm, in Delft unter dem Mikroskop hergestellt / BB 0,01 mm

Pflanzen

1. Welches Wachstum erreichen die schnellsten Bambusarten pro Tag?
   90 cm, 3,8 cm pro Stunde / BB 10 %
2. Welche Ausdehnung erreicht das größte je gefundene Pilzgeflecht?
   600 ha, im Bundesstaat Washington / BB 10 %
3. Wie schwer ist der größte Baum, ein kalifornischer Riesenmammutbaum (Sequoiadendron giganteum)?
   ca. 2000 t, „General Sherman", 11,1 m Durchmesser, 31,3 m Umfang, über 80 m hoch, aus seinem Holz könnten 5 Milliarden Streichhölzer hergestellt werden / BB 10 %
4. Welche Höhe erreicht der höchste je vermessene Baum, ein Eukalyptus?
   132,58 m / BB 10 %
5. Welches Alter können Bäume maximal erreichen?
   6000 Jahre (geschätzt), Riesenmammutbäume / BB 10 %

6. Wie lang können Blätter maximal werden?

   20 m, Raffiapalmen auf den Maskarenen / BB 10 %

7. Wie viele Quadratmeter bedecken die Zweige des größten Rosenstocks?

   5000 m², in Tombstone, USA, Stamm 1 m dick / BB 10 %

8. Welche Wurzeltiefe erreicht der wilde Feigenbaum?

   120 m, in Südafrika / BB 10 %

9. Wie hoch ist der größte Kaktus der Welt, ein Saguaro in Arizona?

   17,67 m / BB 10 %

10. Auf welcher geografischen Breite liegt der nördlichste, kommerziell genutzte Weinberg?

    54° 42', in Großbritannien / BB 2°

Spaßrekorde / Serie A

1. Wie viel wiegt die größte Flagge der Welt?

   1360 kg / BB 10%

2. In welchem Jahr entstand das erste Puzzle?

   Um 1762 in London, eine Landkarte (von Spilsbury hergestellt) / BB 10 Jahre

3. Wie viele Liter Bier pro Kopf trinkt der Deutsche im Jahr?

   Um die 145 Liter / BB 10 %

4. Wann wurde die erste Tafel Schokolade hergestellt?

   1819 in Vevey in der Schweiz / BB 10 Jahre

5. Wann wurde die älteste Brauerei gegründet?

   1040, die Brauerei von Weihenstephan in Freising bei München / BB 50 Jahre

6. Wie hoch war die größte Bierflasche der Welt?

   2,54 m, in der Brauerei Sheperd Neame in Kent enthüllt, Umfang 2,17 m / BB 25 cm

7. Welche Geschwindigkeit wurde bisher maximal mit einem Skateboard erreicht?

   89,2 km/h durch Roger Hickey, Kalifornien am 3.7.1990, (in Bauchlage erreichte er sogar 126,12 km/h) / BB 10 %

8. Wie viele Stunden stand der Inder Shri Ravi ohne abzustützen auf einem Fuß?

   34 Stunden / BB 2 Stunden

9. Wie hoch ist die Zahl der erfolgreich jonglierten Bälle?

   10 durch Enrico Rastelli (20er-Jahre) und Albert Lucas (1984) / BB 1

10. Wie hoch war die höchste menschliche Säule, bei der in jeder Ebene nur

ein Mensch stand?

6 Personen, mit Hilfe einer Sprungwippe schafften 1993 sechs Chinesen diesen Rekord / keine BB

Spaßrekorde / Serie B

1. Wie hoch war der größte Sprung in die Tiefe ins Wasser?
   53,9 m durch Olivier Favre 1987 / BB 10 %
2. Wie tief konnte die Italienerin Angela Bandini mit angehaltenem Atem tauchen?
   107 m, 1989, sie blieb 2:46 min unter Wasser / 10 m
3. Wie lange dauerte der längste Applaus? (160-mal/min, bis 100 m hörbar)?
   58:09 Stunden, vom Inder Jeyaraman erzielt / BB 6 Stunden
4. Wie lang waren die größten Seifenblasen?
   15,2 m, durch David Stern am 6. Juni 1988, Hilfsmittel: Stabring, Flüssigseife und Wasser / BB 10 %
5. Der höchste Streichholzturm wurde 1984 mit 2,5 m vom Tischlerlehrling Theodor Mayr erbaut. Wie viele Streichhölzer benutzte er?
   79 800 Hölzchen, selbstverständlich nicht verklebt, 230 Arbeitsstunden / 10 %
6. Seit wann lebt ein gewisser Bungkas auf einem Baum?
   Seit 1970, in Indonesien / BB 3 Jahre
7. Wie viele Stockwerke umfasste das höchste Kartenhaus (mit Standardkarten ohne Klebstoff errichtet)?
   81, vom Amerikaner Brian Berg (sprechender Name, Anm. d. Verf.) / BB 8
8. Wie lange ist das längste Plüschtier?
   312 m, eine Schlange, 1993 hergestellt / BB 30 m
9. Wie viele Knoten/cm^2 hat der am feinsten geknüpfte Teppich?
   655, ein in Indien 1993 hergestellter Seidenteppich / BB 50
10. Wie viel kostet ein Montblanc Meisterstück Solitaire Royal, der teuerste frei verkäufliche Füllfederhalter der Welt?
    Ca. 77 000 Euro, aus 18-karätigem Gold mit 4200 Brillanten besetzt / BB 10 %

Sport

1. Wie lange dauerte die längste Turnierpartie der Schachgeschichte?
   15 Stunden (zwischen Thomas Ristoja und Jan-Michael Nykopp 1991) /

BB 1 Stunde

2. Wie alt war die jüngste Olympiasiegerin?

   13 Jahre und 9 Monate, Marjorie Gestring gewann 1936 in Berlin das Kunstspringen / BB 3 Monate

3. Wie alt war der älteste Weltrekordbrecher in der Leichtathletik?

   John Flanagan (geboren in Irland) brach seinen letzten Hammerwurf-Weltrekord für die USA mit 56,18 im Alter von 41 Jahren und 196 Tagen / BB 1 Jahr

4. Wie viele Punkte erzielte Wilt Chamberlain in einem regulären NBA Basketballmatch?

   Genau 100, davon 72 aus dem Spiel und 28 aus Freiwürfen, am 2. März 1962, für Philadelphia gegen New York / BB 10 Punkte

5. Wie weit war der weiteste Golfschlag auf einem normalen Platz?

   471 m, durch Michael Hoke Austin 1974 in Las Vegas / BB 10 %

6. Wie viele Goldmedaillen wurden von einem Sportler bei einer Olympiade gewonnen?

   7, 1972 durch Mark Spitz im Schwimmen, alle in Weltrekordzeit / BB keine

7. Wann fand das erste Fußball-Länderspiel statt?

   1872 in Glasgow, England gegen Schottland / BB 10 Jahre

8. Wie viele Stunden wurde ein Fußball durch Jonglieren in der Luft gehalten?

   18 Stunden, durch Volkhart Caro / BB 1 Stunde

9. Wie viele Nationen nahmen bei allen Olympischen Sommer- und Winterspielen teil?

   3, Frankreich, Großbritannien und die Schweiz (1956 allerdings nur bei den Reiterspielen) / BB 1

10. Wie groß ist die Rekordzahl an Weltrekorden, die von einem Sportler aufgestellt wurden?

    80, durch Wassili Alexejew im Gewichtheben, zwischen 1970 und 1977 / BB 10 %

Tiere

1. Wie viele Menschen kann man mit dem Gift eines einzigen Pfeilfrosches töten?

   50, verwendet von den Indianern der Regenwälder als Pfeilgift / BB 10 %

2. Wie schwer war das schwerste Säugetier, das je gefangen wurde?

   190 t, ein 27,6 m langes Blauwalweibchen / BB 10 %

3. Wie groß werden die größten Tierkolonien?
   ca. 400 Millionen Tiere, Präriehunde im Westen der USA und in Mexiko / BB 10 %
4. Welche Geschwindigkeit erreicht der Gepard über kurze Strecken?
   96–101 km/h / BB 5 km/h
5. Wie schwer war der größte Königstiger?
   388,7 kg, ausgestellt im US-Museum für Naturgeschichte in Washington / BB 10 %
6. Wie weit ist die Flügelspannweite des Wanderalbatros?
   3,63 m / BB 50 cm
7. Welche Geschwindigkeit kann ein Wanderfalke im Sturzflug erreichen?
   350 km/h, Winkel von 45° / BB 10%
8. Der Kolibri hat den schnellsten Flügelschlag. Wie oft in der Sekunde?
   90-mal / BB 10 %
9. Wie viel wiegt die Lederschildkröte?
   ca. 450 kg / BB 10 %
10. Wie viel Prozent der Körpermasse macht das Gehirn des Stegosaurus aus?
   0,004 %, er gilt als das hirnloseste Tier, Vergleich Mensch: 1,88 % / BB jede Antwort ab 0,0 … %

Weltall und Erdgeschichte
1. Wie lange kann eine Sonnenfinsternis maximal dauern?
   7:31 min / BB 1 min
2. Wie lange dauert die längste, genau bestimmte Kometen-Periode?
   958 Jahre / BB 100 Jahre
3. Wie alt ist die Erde?
   4540 ± 40 Mio. Jahre / BB 500 Mio. Jahre
4. Welchen Durchmesser hat der größte Stern?
   700 000 000 km, Alpha Orionis in Beteigeuze, 5-mal die Entfernung Erde-Sonne / BB 10 %
5. Wie viele Kilometer sind ein Lichtjahr?
   9 460 528 405 000 km (neun Billionen …) / BB 10 %
6. Wie viele Lichtjahre von uns findet sich die entfernteste Galaxie?
   12,8 Mrd. Lichtjahre, Radioquelle 4C 41.17 / BB 1 Mrd. Lichtjahre
7. Bei wie viel Tonnen liegt die Höchstgrenze an kosmischem Staub, den die Erde pro Jahr aufsammelt?
   40 000 t (geschätzt) / BB 10 %

8. Welchen Durchmesser haben Neutronensterne?
   10 bis 30 km / BB 5 km
9. Um wie viel ist Ganymed, der massereichste Satellit unseres Planeten-systems, schwerer als der Mond?
   2 017-mal / BB 10 %
10. Welche Spitzengeschwindigkeiten können Winde auf dem Neptun erreichen?
    2 400 km/h, Rekordwert für unser Planetensystem / BB 10 %

Wirtschaft

1. Wie hoch ist der größte Jahresverlust, den je eine Firma machte?
   23,5 Mrd. $, durch General Motors 1992 / BB 2 Mrd. $
2. Wie groß ist das kleinste Grundstück der Welt?
   0,13 m², in der Nähe von Göttingen / BB 0,5 m²
3. Wann wurde die älteste noch bestehende Fluggesellschaft gegründet?
   1920 (17. Mai), die niederländische KLM (Koninklijke Luchtvaart Maatschappij) / BB 5 Jahre
4. Mit wie vielen Papierpengö wurde der Goldpengö in der schlimmsten Inflation der Geschichte bewertet?
   130 Trillionen, d. h. ein Goldpengö = 130 Trillionen Papierpengö, im Juni 1946 in Ungarn, es gab für einige Tage 100 Trillionen Pengö Bank-noten / BB 10 Trillionen
5. Welcher höchste Wert findet sich in heute gültigen Banknoten?
   10 000 $, 345 Stück sind im Umlauf / BB 1000 $
6. Wie viele Münzen umfasst der größte je gesunkene Schatz?
   60 Mio., eine spanische Silberflotte sank 1715 vor der Küste Floridas / BB 10 %
7. Wie viel musste für den teuersten Münzsatz bestehend aus 9 Münzen, darunter dem Silberdollar von 1804, bezahlt werden?
   3,19 Mio. $, verkauft 1990 / BB 10 %
8. In welchem Jahr wurde die Briefmarke eingeführt?
   1840 (1. Mai, gültig ab 6. Mai), die Penny Black, mit dem Porträt von Queen Victoria / BB 5 Jahre
9. In wie vielen Jahren brachte es Bill Gates zum Dollarmilliardär?
   11, Mitbegründer von Microsoft / BB 1 Jahr
10. Wie viele Ferkel umfasst der Weltrekordwurf vom 21. September 1993?
    37, davon 36 lebend geboren, 33 überlebten / BB 3

„I AM ..."-GAME

Spielerzahl: 2 bis 30+
Gruppenzusammensetzung: beliebige Altersstufen
Alter: ab 8
Dauer: ab 1 Minute
Glück/Können (insgesamt 10 Punkte) – 7:3
Entstehungszeit: 19. Jahrhundert, diese Version 1988
Autor: unbekannt, diese Version Hugo Kastner
Unterrichtsgegenstand: Sprachen
Material: Begriffsfelder, 1 Würfel

I am ... Napoleon ... Donald Duck ... Planet Mars ... Hoffnung ...
Kaum eines der Spiele dieses Buches verlangt mehr Kreativität als das
I AM ...-GAME. Dennoch ist es für jede Altersstufe geeignet und noch dazu
ohne jede Vorbereitung in allen sprachlichen Fächern einsetzbar. Sie dürfen praktisch jeden beliebigen Gedanken auf sich zukommen lassen,
wenn Sie nur in der Lage sind, ihn Ihren Mitspielern verschleiert näher zu
bringen. Gerade hier liegt der Reiz dieses Spiels für den Ideenmaster.
Nicht nur das Raten an sich, sondern auch das langsame Umschreiben des
gesuchten Begriffs ist äußerst unterhaltsam und fordernd. Daher muss
bei jüngeren Schülern zunächst unbedingt der Lehrer in die Rolle des
Ideenmasters schlüpfen. Erst wenn sich Schüler freiwillig zu dieser Aufgabe melden, dürfen sie die Lehrerposition einnehmen.

Spielziel
Einer der Spieler denkt sich einen Begriff aus. Die Mitspieler müssen versuchen, diesen zu erraten.

Spielablauf
Die Klasse wird in zwei bis vier Gruppen geteilt. Der Ideenmaster (einer der
Spieler oder der Spielleiter) legt vor sich einen (möglichst großen) Würfel mit
der „6" nach oben und beginnt dann die Umschreibung eines Gedankens mit
„Ich bin ..." (oder „I am ..."). Jede Gruppe darf durch einen Teilnehmer, der
in die Hände klatscht (oder auch wahlweise mit dem Fuß aufstampft, ein
Klingelzeichen gibt, etc.) jederzeit einen Rateversuch starten. Je früher,

desto besser, da dadurch mehr Punkte gemacht werden können. Wird beim ersten Hinweis das Wort erraten, bekommt die Mannschaft 6 Punkte, was ja durch die Ausgangslage des Würfels angezeigt wird. Sobald der Ideenmaster den Würfel auf die „5" dreht", also weitere Hilfen gibt, sind nur mehr 5 Punkte möglich. Dies geht so weiter, bis nur 1 Würfelauge oben liegt. Allerdings darf eine Mannschaft bei Nennung eines falschen Lösungsworts beim jeweiligen Begriff nicht mehr mittippen. Bleibt nur mehr eine Mannschaft übrig, macht diese auf jeden Fall einen Punkt, vorausgesetzt, die Mannschaft errät nach der sechsten Hilfe das Wort. Wenn niemand eine Antwort weiß, wird das Spiel abgebrochen und ein neuer Begriff ausgedacht.

Beispiele:

1. Begriff: Planet Venus
6   *Ich bin römisch, zumindest dem Namen nach.*
5   *Ich bewege mich ständig, weit von euch allen entfernt. Ich bin kleiner als die Erde.*
4   *Ich habe mit der Liebe zu tun.*
3   *Im alten Griechenland heiße ich Aphrodite.*
2   *Ich beginne mit einem V.*
1   *Eine Tennisspielerin namens Williams trägt meinen Namen.*

2. Begriff: Donald Duck
6   *Ich bin ewig jung.*
5   *Mein Meister heißt Carl Barks.*
4   *Ich habe oft Pech, aber ich bin dennoch liebenswert.*
3   *Meine drei Neffen…*
2   *… heißen Tick, …*
1   *… Trick und Track.*

3. Begriff: Diamant
6   *Ich bin sehr begehrt, aber nicht anschmiegsam und weich.*
5   *Ich bin natürlich und künstlich zugleich.*
4   *Frauen mögen mich mehr als Männer.*
3   *Ich schneide alles, was sich mir in den Weg stellt.*
2   *Ich habe Härtegrad 10.*
1   *Ich werde am Finger, um den Hals und auch im Ohr getragen.*

Wertung

Falls der Würfel „6" zeigt, wenn die richtige Lösung genannt wird, bekommt die Mannschaft 6 Punkte, zeigt er „5", sind 5 Punkte zu holen, dann 4 Punkte, 3 Punkte, 2 Punkte und schließlich noch 1 Punkt. Gespielt wird auf einen vorher vereinbarten Wert, z. B. 21 Punkte.

Bemerkungen

Unterschätzen Sie nicht die ungeheure Dynamik und Kreativität, die das I AM...-GAME verlangt. Gerade die langsame Hinführung auf die Lösung erzeugt den Reiz dieses Spiels. Daher ist es – wie schon erwähnt – unbedingt zu empfehlen, dass Sie als Lehrer zunächst den Ideenmaster machen. Es sollen auch nur Begriffe gewählt werden, die jedem Teilnehmer aller Voraussicht nach bekannt sind. Bei der Nennung der Lösung ist ein kleiner Aha-Effekt wünschenswert. Nach einigen Spielrunden finden sich meist in jeder Klasse Schülerinnen und Schüler, die ohne Ihre Hilfe Begriffe umschreiben wollen, die sozusagen die Hohe Schule des I AM...-GAMES erfahren möchten. Das richtige Timing, das optimale Drehen des Würfels, verlangt aber auch in diesem Fall vom Lehrer einiges an Fingerspitzengefühl. Dafür dürfen Sie sich auf viele Stunden des kreativen Ratens gefasst machen. Falls Sie für jede Gruppe eine Glocke, eine Pfeife oder Ähnliches haben, kommt ein zusätzlicher Reiz ins Spiel.

Taktische Hinweise (für Spieler und Spielleiter):

- Manche Spieler raten vorschnell und vergeben für ihre Mannschaft dadurch wertvolle Punkte. Andererseits bringt ein früher Goldtipp sehr viele Punkte ein.
- Als Spielleiter sollten Sie darauf achten, dass die Lösungsvorschläge aus dem Bauch heraus kommen. Das I AM ...-GAME lebt vom Tempo.
- Schreien Sie als Mitspieler nicht einfach los, sondern klatschen Sie zuerst in die Hände (oder geben Sie andere vereinbarte Zeichen). Sonst kann ein anderer Spieler Ihre Antwort aufnehmen und dadurch punkten.
- Versuchen Sie als Ideenmaster abwechslungsreiche Begriffe auszuwählen. Monotonie ist nicht gefragt.
- Falls ein Schüler den Ideenmaster macht, muss streng darauf geachtet werden, dass er nicht Begriffe wählt, die nur dem einen oder anderen Mitschüler bekannt sind.
- Auch wenn ein Schüler Ideenmaster ist, sollten Sie als Lehrer den Würfel drehen, wenn Sie das Gefühl haben, dass eine neue Idee kommt.

Variante

Das enorm erfolgreiche BBC Radio Spiel TWENTY QUESTIONS möchte ich
Ihnen nicht vorenthalten.

TWENTY QUESTIONS: Diese Spielform geht auf das viktorianische England
zurück, wurde aber erst im 20. Jahrhundert überaus populär. Der Spielleiter (engl. Caller) schreibt ein bildlich darstellbares Objekt auf ein Blatt
Papier, dann raten die Spieler (vorzugsweise reihum), um welches Wort es
sich handelt. Die einzigen erlaubten Antworten sind „ja" und „nein". Auf ein
„ja" darf vom aktiven Spieler weitergefragt werden, die Frage zählt aber
nicht zu den 20 erlaubten dazu, d.h. es werden nur die „nein"-Antworten
gewertet. Falls kein eindeutiges „ja" oder „nein" zu einer Frage möglich ist,
muss diese neu formuliert werden. Jedes „nein" wird für den Caller gezählt.
Gespielt wird auf 60 Punkte, d.h. im besten Fall benötigt der Caller drei
geheime Worte (3 mal 20 Punkte).

Dieses Spiel kann auch auf Personen, abstrakte Begriffe und geografische
Eigennamen (Städte, Flüsse etc.) ausgeweitet werden. In diesem Fall muss
der Caller aber vor Fragebeginn sagen, ob sein geheimes Wort ein Ding, eine
Person, ein abstrakter Begriff oder ein geografischer Eigenname ist.

*I am a challenge for everybody. That's why students love me so much. I am
not easy to grasp, some feeling is required ... (Solution: I AM ...-GAME)*

SCHIFFE VERSENKEN

Spielerzahl: 2 bis 30+
Alter: ab 8
Dauer: 20 Minuten
Glück / Können (insgesamt 10 Punkte) – 7:3
Entstehungszeit: Möglicherweise um 1920
Englischer Name: Battleship
Unterrichtsgegenstand: Alle Fächer
Material: Kariertes Papier und Bleistift, Trennwand (eventuell Bücher)

Torpedos auf dem Spieltisch

Als einer der Begleiter unserer Kindertage hat dieses alte Spiel eine unerwartete Renaissance erlebt. Der Ursprung dieses Ratespiels liegt im Dun-
keln der Spielgeschichte, aber auf Grund der wiederkehrenden Bezeich-
nungen der „Figuren" als Panzerkreuzer, Zerstörer, Fregatten, U-Boote
dürfte eine Entstehungszeit irgendwann in der ersten Hälfte dieses Jahrhunderts wahrscheinlich sein. Moderne Versionen in schön gestalteten
Spieleschachteln können in diesem Fall den Zauber der selbstgefertigten
Spielpläne kaum erreichen. Daher unsere Empfehlung: Nehmen Sie ein
kariertes Papier zur Hand und fertigen Sie sich selbst einen Spielplan an.

Spielregel/Spielplan

Wie schon gesagt, eine niedergeschriebene allgemein gültige Spielregel
existiert eigentlich nicht. Ziel des Spieles ist es, alle auf einem Spielplan ein-
getragenen „Flotten" des Gegners zu „versenken" (das heißt, deren Lage zu
erraten). Wer als Erster alle Flotten des Gegners versenkt hat, gewinnt die
Partie. Wie dies im Detail geschieht, wird weiter unten genau erläutert.
Zunächst zum Spielplan. Als optimal hat sich ein 8x8 Raster erwiesen, dessen Spalten mit Buchstaben (A bis H) und dessen Zeilen mit Ziffern (1 bis 8)
bezeichnet sind. Jeder Spieler braucht zwei identische Raster, einen um
seine „Flotten" einzutragen, den zweiten, um in gegnerischen Gewässern zu
fischen. Wichtig ist noch eine wirklich nicht zu verrückende Trennwand zwischen den Spielern, die einander gegenüber sitzen. Ins linke 8x8 Feld werden schließlich die eigenen „Flotten" eingezeichnet. Jedem Spieler stehen

die gleichen Flottentypen (von jeder eine vorher festgelegte Menge) zur Verfügung, die sich durch die Anzahl der zusammenhängenden Quadrate, aus denen sie bestehen, unterscheiden.

Flottenmanöver/Spielablauf

Um vom bloßen Raten wegzukommen und kleinere taktische Effekte zu ermöglichen, habe ich mir einige Besonderheiten beim Platzieren der Flotten und beim Fragen nach Trefferfeldern ausgedacht.

1. Wir spielen mit einer 5er-Flotte (Kreuzerflotte), einer 4er-Flotte (Zerstörer), einer 3er-Flotte (Fregatten), zwei 2er-Flotten (Korvetten) und drei 1er-Booten (U-Boote). Damit sind 19 der 64 Felder belegt (das heißt, knapp weniger als jedes dritte Feld bringt einen Erfolg).

2. Alle Flotten können beliebig angeordnet werden: gerade, ums Eck, in S-Form, ...

3. Die einzelnen Flotten (5er, 4er, 3er, 2er, 1er) dürfen einander nicht berühren, auch nicht an den Ecken.

4. Der an der Reihe befindliche Spieler "schießt" durch Nennen eines Feldes (etwa „A2“, „E6“, oder „H4“). Erfolgt ein Treffer, wird dieser vom Gegner angesagt (der Gegner nennt auch den Typ der getroffenen Flotte). Der Spieler, der getroffen hat, darf gleich noch einmal „schießen“. Sowohl der Schütze (im rechten leeren Feld) als auch der Gegenspieler (in seinem ausgefüllten Raster, zur Kontrolle!) tragen jeden Fehlschuss und jeden Treffer ein.

5. Wird am Ziel vorbeigeschossen, meldet der gegnerische Spieler dies unmittelbar (im Zweifelsfall nachfragen) mit dem Wort „Fisch“ oder „daneben“.

6. Falls eine Flotte vollständig versenkt wird (d. h. alle von der Flotte belegten Felder getroffen wurden), kann der Schütze die unmittelbaren Nachbarfelder ankreuzen, da auf diesen ja keine weiteren Treffer möglich sind.

7. Um Verwechslungen zu vermeiden, werden die Buchstaben A bis H mit Codewörtern versehen. Etwa Anker, Backbord, Christkind etc. Hier ist dem Wortwitz der Spieler kein Abbruch getan. Selbstverständlich können Sie auch die international gebräuchlichen Buchstabiertafeln verwenden (Anton, Berta, Cäsar, Dora, Emil, Ferdinand, Gustav, Heinrich, ...)

Bemerkungen

Diese Version erlaubt eine Vielfalt an Anordnungen. Geübte Spieler entwickeln mit der Zeit eine Art Radarauge für die Flotten ihres Gegners.

Teamversion

Die Klasse wird in vier oder acht oder sogar sechzehn Mannschaften eingeteilt. Die Teams sitzen einander gegenüber, jeweils zwei Spieler treten gegeneinander an, wobei alle Partien gleichzeitig gespielt werden. Es gibt drei
Zählweisen für eine erfolgreiche Seeschlacht: (1) Jedes Spiel wird mit 1:0
oder 0:1 gewertet. (2) Es zählen nur die „unentdeckten" Flotten des Gegners.
Und (3) Sobald ein Spieler alle Flotten versenkt hat, werden die noch vorhandenen Schiffe des Gegners gezählt uns als Siegpunkte vermerkt. Das
heißt, theoretisch können bei einem 8 x 8 Raster 19 Punkte erreicht werden.
Ich persönlich bevorzuge diese letzte Zählweise, da besonders deutliche
Siege errungen werden können. Wenn vier Mannschaften spielen, gibt es ein
Semifinale, sowie ein Finale und ein Spiel um den dritten Platz. Bei acht oder
sechzehn Mannschaften kommen Viertel- und Achtelfinale dazu. Die ausge-
schiedenen Teams spielen um die hinteren Ränge.

Taktische Hinweise

- Auf den ersten Blick scheint alles vom Zufall abzuhängen. Doch bei genauerer Betrachtung erkennt man, dass eine schlechte Anordnung der
  Flotten (etwa im Zentrum des Spielfeldes) eine hohe Zahl von „Kreuzen"
  im Falle eines Versenkens erlaubt. Das heißt, der Gegner kann mit weniger Schussversuchen das ganze Feld abdecken. Die Schiffe sollten daher
  ausgewogen und eher an den Rändern verteilt werden.
- Günstig ist ein „Loch" irgendwo am Spielfeld. Natürlich nur, solange der
  Gegner dieses nicht erahnt. Ein dort verstecktes U-Boot ist oft lange nicht
  aufzuspüren.
- Unerwartete Formen von Flotten können bisweilen eine Unzahl von Fehl-
  schüssen provozieren.
- Auf keinen Fall sollte man zu früh auf U-Boot-Jagd gehen. Ein endloses
  Herumsuchen ist fast zwangsläufig die Folge.
- Wer die Höhe des Sieges von der Zahl der noch unentdeckten Schiffe ab-
  hängig macht, muss natürlich danach trachten, gerade die großen, siche-
  ren Treffer rechtzeitig anzubringen.

Varianten

Für Enthusiasten dieses Spiels ist eine Reduzierung oder Ausweitung des
Flottenverbandes auf einen entsprechenden Raster durchaus denkbar. Bei
einem 6x6 Raster sind eine 5er-, eine 4er-, eine 3er-, eine 2er-Flotte und zwei
U-Boote zu empfehlen. Auch die längeren Spiele auf 10x10 oder 12x12

Raster erlauben immer noch eine sehr flüssige Spielweise. Entsprechend müssen Sie aber ihren Flottenverband um 6er- oder gar 7er-Flotten vergrößern. Auch ein drittes und viertes U-Boot wäre denkbar. Achten Sie jedoch unbedingt darauf, dass nur ca. ein Drittel der Gesamtfelder mit Schiffen belegt wird. Dadurch können Sie weiterhin „Tote Gewässer" in Ihren Spielplan einbauen.

Musterblatt

Startposition: linkes Raster = eigene Flotten,
rechtes Raster = gegnerische Gewässer

Zwischenstand: Der Gegner muss noch zwei U-Boote und zwei Teile der Viererflotte versenken. Auf der anderen Seite fehlen alle drei U-Boote, beide Zweier und Teile des Dreiers.

Schiffe versenken ist ein weit unterschätztes Vergnügen, auch für den Hobbyadmiral.

PANTOMIME

Spielerzahl: 6 bis 30+
Gruppenzusammensetzung: altersmäßig beliebig
Alter: ab 10
Dauer: ab 20 Minuten (variabel)
Glück/Können (insgesamt 10 Punkte) – 7:3
Entstehungszeit: unbekannt, diese Version 1978
Autor: unbekannt, diese Version Hugo Kastner
Unterrichtsgegenstand: Alle Gegenstände
Material: Grundwortkatalog (10 Serien), Stoppuhr, Spielkarten

Gestik – Mimik – Bildersprache

Wer immer Talent hat, Gedanken ohne Worte auszudrücken, wird bei PANTOMIME voll auf seine Rechnung kommen. Es ist auch von Vorteil, als Hauptakteur einen eher extrovertierten Charakter zu haben, denn bei diesem Spiel darf nicht lange überlegt werden. Jede Aktion, jede Gestik, jede Mimik geschieht gleichsam aus dem Bauch heraus. PANTOMIME ist nichts für Zauderer, dafür umso besser geeignet für Menschen, die gerne im Mittelpunkt stehen. Dennoch darf gerade dieses Spiel für jede Altersgruppe als höchst geeignet bezeichnet werden, da es voll Tempo und Leben ist, und auch dem passiv Mitratenden genug Raum zur Entfaltung lässt.

Spielziel

Ein aus zwei Teilen zusammengesetztes Wort, das pantomimisch vorgespielt wird, muss in gemeinsamer Arbeit in möglichst kurzer Zeit erraten werden.

Spielablauf

Der Spielleiter teilt dem Pantomimen ein zusammengesetztes Wort mit. Der Pantomime gibt durch Heben eines oder zweier Finger an, ob er zunächst den ersten oder den zweiten Teil des Wortes vorspielen möchte. Nun wird die Stoppuhr in Gang gesetzt. Danach versucht der Pantomime, den angezeigten Begriffsteil für die Mitspieler möglichst deutlich darzustellen. Diese dürfen so lange durch Vorrufen raten, bis der Begriffsteil richtig genannt wird. Der Pantomime darf durch entsprechende Gesten halbrichtige Vorschläge bestätigen oder kleine Abweichungen vom Lösungsbegriff aufzeigen. Unmittelbar darauf wird der zweite Begriffsteil vorgeführt, wieder unterbrochen durch Rateversuche. Insgesamt dürfen maximal 90 Sekunden für das Erraten eines Gesamtbegriffes verwendet werden.

Spielende

Sobald 10 Begriffe durchgespielt wurden, endet das Spiel.

Wertung

Die Zahl der Negativpunkte soll möglichst niedrig gehalten werden. Für die ersten 15 Sekunden werden 0 Punkte geschrieben, dann für jeweils 15 weitere Sekunden 1 Punkt. Nach 90 Sekunden endet eine pantomimische Vorstellung mit 6 Negativpunkten.

Die genaue Tabelle sieht so aus:

0 bis 15 Sekunden	0 Punkte
16 bis 30 Sekunden	1 Punkt
31 bis 45 Sekunden	2 Punkte
46 bis 60 Sekunden	3 Punkte
61 bis 75 Sekunden	4 Punkte
76 bis 90 Sekunden	5 Punkte
ab 91 Sekunden	6 Punkte

Da pro Spiel zehn Begriffe erraten werden müssen, sind theoretisch zwischen 0 und 60 Negativpunkte möglich. Beide Extreme sind aber äußerst unwahrscheinlich.

Jedenfalls sollte der Pantomime versuchen, möglichst die besten Gesten und Mimiken zur Begriffsbeschreibung zu verwenden.

Verbote

(1) Der Pantomime darf kein Wort sprechen. (2) Er darf keine Antwort durch direktes Hinzeigen auf ein Objekt erzwingen. (3) Er darf die Mitspieler nicht irreführen, indem er halbrichtige Antworten im Raum stehen lässt. (4) Er darf nicht zum zweiten Begriffsteil springen, ohne vorher durch Heben eines oder zweier Finger anzuzeigen, dass er einen Wechsel macht, da der andere Begriffsteil richtig erraten wurde. (5) Er darf weder Zeichensprache noch Lippensprache verwenden.

Handbewegungen

(1) Finger und Daumen (FD) zum Kreisring = passt, Begriff erraten. (2) Offene Handfläche (OH) hin und her bewegen = fast richtig. (3) Drehbewegung mit der Hand (D) = schneller, weiter raten, alles wurde bereits gezeigt. (4) Kopfbewegung hin und her (K) = nein, falscher Weg.

> *Beispiel:*
> *Begriff HEXENSCHUSS*
> *Zwei Finger (> zweiter Teil des Begriffs)*
> *Andeuten eines Schusses*
> *Rateversuch (RV) Kicken, Treten, Schießen*
> *OH*
> *RV Ballern*
> *K*
> *RV SCHUSS*
> *FD*
> *Ein Finger (> erster Teil des Begriffs)*
> *Ritt auf einem Hexenbesen*
> *RV Reiten, Besen*
> *K*
> *RV Hexe*
> *FD, D*
> *HEXENSCHUSS*

Bemerkungen

Falls es genug Freiwillige gibt, ist ein Abwechseln bei der pantomimischen Darstellung absolut zu empfehlen. Sollten Sie bemerken, dass der eine oder andere Begriff einer Serie für eine Gruppe zu schwer ist, nehmen Sie einfach einen Ersatz aus einer der zahlreichen angebotenen Serien. Wenn Sie mit jüngeren Schülern arbeiten, ist auch eine größere Zeitvorgabe für die pantomimische Darstellung denkbar. In jedem Fall ist Flexibilität vom Spielleiter gefragt.

Varianten

Die Klasse kann auch durchaus in zwei Gruppen geteilt werden, wobei jeweils eine Gruppe spielt, die andere nur beobachtet. Das heißt, der Pantomime kommt aus der aktiven Gruppe. Wieder wird auf zehn Begriffe gespielt.

Taktische Hinweise

- Beginnen Sie immer mit dem leichteren Teil des Wortes.
- Helfen Sie als Pantomime den Ratenden durch Mimik und Gestik, so weit dies den Regeln gemäß erlaubt ist.
- Denken Sie keine Sekunde an die Zeit, sonst blockieren Sie Ihre Kreativität.

Welche geheimnisvollen Gesten haben Sie drauf?

Grundwortkatalog

Die Fragestellung dürfen Sie dem Zufall überlassen. Nehmen Sie ein Päckchen Karten zur Hand und suchen Sie sich jeweils rote und schwarze Augenkarten (von 1 bis 10) heraus. Durch blindes Ziehen zweier Karten können Sie dann wirklich wertungsfrei die eine oder andere Fragenserie fixieren.

Serie ♠♣♦♥ 1

1. HASENFUSS
2. BAUMSCHULE
3. EIDOTTER
4. GLÜCKSSCHWEINCHEN
5. HANSWURST
6. NASENRING
7. ZEITGEIST
8. BLUMENTOPF
9. ALBTRAUM
10. BLINDDARM

Serie ♠♣♦♥ 2

1. KREISRING
2. BESENSTIEL
3. CHRISTBAUM
4. FEUERWEHRAUTO
5. TARZANSCHREI
6. BLINDSCHLEICHE
7. PRESSWURST
8. FINGERHUT
9. LÖWENZAHN
10. HEXENSCHUSS

Serie ♠♣♦♥ 3

1. TORMANN
2. KATZENFELL
3. LADENHÜTER
4. LUFTMATRATZE
5. KINDERGARTEN
6. SONNENBRAND
7. MAIGLÖCKCHEN
8. STERNSINGER
9. FELDMAUS
10. BASKETBALL

Serie ♠♣♦♥ 4

1. SCHULBUCH
2. HAHNENSCHREI
3. POSTAMT
4. SCHWARZFAHRER
5. KILLERWAL
6. FUSSBALLTRAINER
7. MATCHBALL
8. ZEITUNGSENTE
9. KNIESCHUSS
10. SANDMÄNNCHEN

© Cornelsen Verlag Scriptor, Berlin • Die Fundgrube für Spiele • Pantomime

Serie ♠♣♦♥ 5

1. WALZERKÖNIG
2. FREIBIER
3. BLASEBALG
4. ANGSTHASE
5. GITTERBETT
6. SCHLAFWANDLER
7. WURSTBROT
8. KIRCHENGLOCKE
9. FLUSSBETT
10. REGENSCHIRM

Serie ♠♣♦♥ 6

1. SCHILDERMALER
2. NACHRICHTENANSAGER
3. FUSSBALLTRAINER
4. MALKASTEN
5. MEINEID
6. ROSENKRANZ
7. GEBETSMÜHLE
8. TAUSENDFÜSSLER
9. FREMDKÖRPER
10. BRECHSTANGE

Serie ♠♣♦♥ 7

1. WICKELTISCH
2. BANDWURM
3. LEDERHOSE
4. ESELSBRÜCKE
5. SCHACHFIGUR
6. LAGEPLAN
7. SITZPOLSTER
8. KRAFTPAKET
9. BOXRING
10. ZUNGENKUSS

Serie ♠♣♦♥ 8

1. SCHLANGENBISS
2. BÜCHERWURM
3. ROSENDUFT
4. LEIBWACHE
5. ZITTERAAL
6. SCHMETTERLINGSCHWIMMEN
7. OBERLEHRER
8. LIEDERABEND
9. RUDERBOOT
10. KLETTERSEIL

Serie ♠♣♦♥ 9

1. SCHWEISSPERLE
2. HERZDAME
3. LUFTBALLON
4. SCHWEBEBALKEN
5. AMEISENHAUFEN
6. HOCHZEITSTORTE
7. REISEKOFFER
8. KINDERMÄDCHEN
9. AFFENZIRKUS
10. HOCHHAUS

Serie ♠♣♦♥ 10

1. SCHAUFENSTER
2. SACKHÜPFEN
3. TANZPARKETT
4. PFEIFENRAUCHER
5. OHRWURM
6. KRONENKORKEN
7. FRESSORGIE
8. SCHNEEBALL
9. DURCHGANG
10. GEISTERBAHN

RÄTSELSPIELE

Anders als die übrigen Familien sind die Rätselspiele in ein und derselben Schülergruppe nur einmal präsentierbar. Dafür gibt es einen schier endlosen Fundus an hochinteressanten Problemen, ob logischer, sprachlicher oder visueller Natur, ob mit Münzen, Streichhölzern oder Schachfiguren. Ich möchte in diesem Buch nur einige wenige Beispiele anreißen, dafür aber die Präsentation in der Klasse genau darstellen. Wichtig ist es vor allem, die Fähigkeiten der Schüler richtig einzuschätzen und Erfolgserlebnisse zu ermöglichen. Kein Rätsel ist auf Dauer von Interesse, wenn sich herausstellt, dass eine Lösungsfindung völlig außer Reichweite liegt.

Grundsätzlich teile ich die Rätsellöser auf vier bis sechs Gruppen auf. Dann wird eine Aufgabe erklärt und den Schülern eine genau vorgegebene Zeit eingeräumt, in der sie das Problem überdenken können. Eine Lösung bzw. ein Lösungsweg wird von den einzelnen Gruppen schriftlich festgehalten und am Ende der ersten Denkphase vom Spielleiter geprüft. Hat nur eine Gruppe die richtige Lösung, bekommt sie fünf Punkte. Bei zwei korrekten Lösungen werden drei Punkte vergeben, bei drei Lösungen zwei Punkte, und im Falle einer Lösung durch mehr als drei Gruppen gibt es immer noch einen Punkt. Manche Rätsel sind so schwer, dass im ersten Durchgang überhaupt kein brauchbarer Vorschlag eingeht. In diesem Fall ist ein zweiter Anlauf zu empfehlen, eventuell mit einem kleinen Hinweis. Die Wertung erfolgt analog zur ersten Denkphase.

Wo es möglich ist, wird auch der Zeitpunkt der Erstveröffentlichung sowie der Erfinder des Rätsels genannt. Hier schwingt aber immer ein gewisser Unsicherheitsfaktor mit. Die Lösungen finden Sie im Anhang (S. 236).

DIE HÄNGEBRÜCKE

Spielerzahl: 1 bis 30+
Gruppenzusammensetzung: beliebige Altersstufen
Alter: ab 12
Denkphasen: 8 Minuten
Glück/Können (insgesamt 10 Punkte) – 1:9
Entstehungszeit: 1996
Autor: Günther Lientschnig (im Internet)
Unterrichtsgegenstand: Naturwissenschaftliche Fächer
Material: Papier und Bleistift, Stoppuhr

Flucht nach vorne
Vier Forscher sind auf der Flucht durch die Wildnis. Sie stehen vor einer unsicheren Hängebrücke, die nur zwei Personen trägt. Es ist tiefe Nacht und sie haben nur eine Taschenlampe. Zu allem Unglück sind die Professoren unterschiedlich trainiert. Prof. Race braucht nur eine Minute, Prof. Walk zwei, Prof. Creep fünf und Prof. Snail zehn Minuten, um von einer Seite der Schlucht zur anderen zu gelangen.

Frage
Wie lange brauchen die vier Professoren, um die Brücke zu überqueren?

Spielablauf
Jede Gruppe hat 8 Minuten Zeit, den genauen Crossover-Plan aufzuzeichnen.

Hinweis (für die zweite Phase): Es sind genau 17 Minuten.

Bemerkungen
Günstig ist es, vorweg ein Überquerungsbeispiel auf die Tafel zu schreiben.

Beispiel:	2 + 10	⟶	*10 min*	*(Walk & Snail)*
	2	⟵	*2 min*	*(Walk)*
	1 + 5	⟶	*5 min*	*(Race & Creep)*
	1	⟵	*1 min*	*(Race)*
	etc.			

AMOR – ROMA

Spielerzahl: 1 bis 30+
Gruppenzusammensetzung: beliebige Altersstufen
Alter: ab 10
Denkphasen: 2 Minuten pro Spiel
Glück/Können (insgesamt 10 Punkte) – 2:8
Entstehungszeit: 1999
Autor: Hugo Kastner
Unterrichtsgegenstand: Geografie
Material: Atlas, Stoppuhr

Solo = Oslo, Weinreb'n = Wien & Bern
Anagramme (Umbildung von Wörtern durch Verschieben der Buchstaben) haben seit viktorianischer Zeit ihren eigenen Reiz. Im folgenden Rätsel liegt die Herausforderung darin, europäische Staaten durch Buchstabenumstellung in den verschlüsselten Worten zu entdecken. Nehmen Sie ruhig einen Atlas zur Hand.

Spezialregeln
1. Satzzeichen dienen nur der Untermalung, sind also kein Bestandteil des Wortes.
2. Ä, Ö, Ü können AE, EO, UE sein, ß ist SS.
3. Wörter in Kursivschrift stellen Abkürzungen dar.

Hinweis
Dieser muss bei AMOR – ROMA leider entfallen. Die zweite Denkphase bringt nur einen extra Zeitbonus.

Frage
Welche europäischen Staaten verbergen sich hinter folgenden Anagrammen?

Spiel 1:   KREATION
             IRRSINNSANGEBOT
             POLARGUT
             JUWEL SAIGON

Spiel 2: IN ASPEN
          EINMAUERN
          AM TAL
          GIEBELN

Spiel 3: ANDENLIEDER
          OPEL *neu*
          LOSWEINEN
          INLAUTE

Spiel 4: „NAG NUR!"
          Elektro-TISCHCHEN
          United Kingdom REITE!
          AROMASINN

WER BIN ICH?

Spielerzahl: 1 bis 30+
Gruppenzusammensetzung: beliebige Altersstufe
Alter: ab 10
Denkphase: 2 Minuten
Entstehungszeit: Test 1–3 unbekannt, T4: 1915
Autor: T1: unbekannt, T2: Bell Telephone Laboratories, T3: Wilson, T4: Puck
Unterrichtsgegenstand: Alle Fächer
Material: Stoppuhr

Ein Blick oder tausend Gedanken
Viele Menschen haben bisweilen das Gefühl, den Wald vor lauter Bäumen nicht zu sehen. Vielleicht gehören auch Sie dazu oder einige Ihrer Schüler. Die folgenden Testaufgaben verlangen einiges an visueller Vorstellungskraft, wenn auch meist die Lösung sehr spontan, also von einer Sekunde auf die andere, im wahrsten Sinne des Wortes ins Auge sticht.

Frage
Wer oder was verbirgt sich in den folgenden Abbildungen?

Hinweis
Als Hilfe für die zweite Denkphase sollte darauf hingewiesen werden, dass man leichter die Lösung findet, wenn die Abbildung aus größerer Entfernung betrachtet wird.
Bei Test 3 und Test 4 gibt es zwei Lösungen. Beide müssen gefunden werden, um die Punkte zu erhalten.

Test 1:

Test 2: Test 3:

Test 4:

Diese visuelle Herausforderung ist wohl die bekannteste überhaupt.

© Cornelsen Verlag Scriptor, Berlin • Die Fundgrube für Spiele • Wer bin ich?

WORTSPIELE

Keine Familie in diesem Buch wird für so viel Ungereimtheiten sorgen, wie die Wortspiele. Dies liegt einfach daran, dass es beim Jonglieren mit Wörtern keine hundertprozentig klaren Regeln geben kann und sich daher immer die Frage nach der letzten Autorität stellt. Sie können es sich einfach machen und Ihre eigene Meinung als letzte Instanz nehmen, oder sie verwenden ein dickes Wörterbuch, in dem jeder zweite Begriff nachgeschlagen wird. Ob dies allerdings dem Spielfluss dienlich ist, bleibt dahingestellt. Jedenfalls sind unbedingt allgemeine Regeln für Wortspiele einzuhalten, um ein faires und interessantes Spiel zu gewährleisten. Sie lauten wie folgt: Verwenden Sie (1) keine Eigennamen, (2) keine Abkürzungen, (3) keine Wörter mit Satzzeichen, (4) keine Fremdwörter außer bereits eingedeutschte, und (5) AE statt Ä, OE statt Ö, UE statt Ü und SS statt ß.

Ein großzügig ausgelegter Code zur Akzeptanz von Wörtern erleichtert das Spielen. Ich schlage folgende drei Spielregeln vor: (1) Ein Wort ist dann gültig, wenn der Spieler, der es verwendet, die Bedeutung im Satzzusammenhang kennt. Das heißt, er muss wissen, was man unter dem verwendeten Begriff versteht. Eine genaue Definition ist nicht unbedingt erforderlich. (2) Mindestens einer der Mitspieler muss das Wort anerkennen. Hier ist eine großzügige Auslegung der Regel zu empfehlen. (3) Im Zweifelsfall, und nur dann, wird in einem Wörterbuch nachgeschlagen. Ist das Wort vorhanden und entspricht es den allgemeinen Regeln für Wortspiele, so darf es verwendet werden. Im anderen Fall muss der Spieler, der es vorgeschlagen hat, aussetzen.

Ich möchte Ihnen mit dem altehrwürdigen CODEBREAKER eine ungemein attraktive Kombination Denk- & Wortspiel vorstellen, bei dem Sie die unterschiedliche Spielstärke der einzelnen Schüler jederzeit durch ein entsprechendes Handicap ausgleichen können. In der Teamversion ist die Gruppengröße absolut beliebig. Mit DOUBLE-BREAKER und SWITCHCODES haben Sie zwei enorm anspruchsvolle Varianten zur Verfügung, die allerdings erst mit fortgeschrittenen Schülern versucht werden sollten. Für die reinen Denker, denen weniger die Wortakrobatik als der logische Schluss am Herzen liegt, bieten sich MASTERMIND, BULL & COW und FAIRY-JOTTO an. Nicht weniger faszinierend ist die vom englischen Spieleexperten David Parlett erdachte Version der Buchstabenjagd, BOGGLE 100. Den Spielern wird intensivste Kombinationsfähigkeit abverlangt, wobei gleichzeitig absolute Rekordleistungen möglich sind.

Der vielleicht populärste Vertreter dieser Familie ist der in Schülerkreisen ungemein beliebte HANGMAN. Durch eine interessante Zählweise lässt sich dieses traditionelle Spiel sehr wettbewerbsorientiert präsentieren.

Hochinteressant für ältere Schüler, dazu außergewöhnlich kreativ und herausfordernd, ist das Spiel LEXIKOGRAF. Nur wer sprachlich einiges Talent mitbringt und dazu noch ein wenig Glück hat, kann bei diesem Spiel gewinnen. Auch spielende Lehrer kommen hier voll auf ihre Kosten.

Zwei weitere in Großbritannien entstandene Wortspiele sollen diese Familie abrunden. Bei LABYRINTH müssen Sie versuchen, eine geheime Botschaft zu entziffern, bei WORDSQUARES gilt es kreuzwortartig in einem 5x5-Raster Buchstaben einzutragen, die dann möglichst sinnvolle Wörter ergeben sollen.

Häufigkeitsverteilung der Buchstaben: Gerade bei Wortspielen ist es von eminenter Wichtigkeit, die Häufigkeit von Buchstaben in der jeweiligen Sprache zu kennen. Umständliches Suchen lässt sich mit entsprechenden Tabellen (in Prozent) für Deutsch und Englisch ersparen.

DEUTSCH:	a 6,51	b 1,89	c 3,06	d 5,08	e 17,40	
	f 1,66	g 3,01	h 4,76	i 7,55	j 0,27	
	k 1,21	l 3,44	m 2,53	n 9,78	o 2,51	
	p 0,79	q 0,02	r 7,00	s 7,27	t 6,15	
	u 4,35	v 0,67	w 1,89	x 0,03	y 0,04	z 1,13

ENGLISCH:	a 8,2	b 1,5	c 2,8	d 4,3	e 12,7	
	f 2,2	g 2,0	h 6,1	i 7,0	j 0,2	
	k 0,8	l 4,0	m 2,4	n 6,7	o 7,5	
	p 1,9	q 0,1	r 6,0	s 6,3	t 9,1	
	u 2,8	v 1,0	w 2,4	x 0,2	y 2,0	z 0,1

CODEBREAKER

Spielerzahl: 2 bis 30+
Gruppenzusammensetzung: altersmäßig homogen
Alter: ab 8
Dauer: ab 30 Minuten (variabel)
Glück/Können (insgesamt 10 Punkte) – 2:8
Entstehungszeit: vermutlich um 1940
Autor: unbekannt
Englischer Name: Jotto oder Word-Mastermind
Unterrichtsgegenstand: Deutsch, Englisch
Material: Spielplan, Stoppuhr oder Sanduhr

Der Spion, der aus der Kälte kam
Einer der vielen Klassiker, die eine entsprechende moderne Vermarktung erfahren haben, ist CODEBREAKER, ein schon mindestens 60 Jahre altes Fragespiel. Als 1973 Marco Meirovitz mit MASTERMIND einen Hit auf dem internationalen Spielemarkt landete, schien die alte auf kariertem Papier gespielte Form dieses Codeknackers langsam in Vergessenheit zu geraten. Waren es die bunten Farbcodes oder vielleicht das in den 70er-Jahren auf dem Höhepunkt des Kalten Krieges übergroße Interesse an Spionage und Geheimcodes? Jedenfalls ging eine Art Manie um die Welt. Ob Alt oder Jung, jeder wollte sich an diesem geistigen Vergnügen versuchen.
Ich will hier an die vergessene Version für Papier und Bleistift erinnern, eine Spielform, die so nebenbei auch das sprachliche Kombinationsvermögen herausfordert.
In der angelsächsischen Welt lebt dieses Spiel in sehr ähnlicher Version unter dem Namen JOTTO weiter, in einer Zahlenvariante unter dem Titel BULL & COW. Daneben erfreuen sich einfallsreiche Spezialvarianten, wie etwa DOUBLE-BREAKER, SWITCHCODES oder FAIRY JOTTO einiger Beliebtheit.

Spielziel
Knacken Sie einen geheimen Code.

Spielvorbereitung

Es spielen jeweils zwei Spieler gegeneinander. Auf kariertem Papier schreibt jeder der beiden ein Wort mit 5 Buchstaben auf (dieses muss tatsächlich existieren, z. B. „RATEN"). Sie können wahlweise, je nach gewünschtem Schwierigkeitsgrad, auch einen 4er-Code oder einen 6er-Code verwenden (z. B. „GOTT" und „VERLAG"). Mehrzahl, Steigerung, Fallformen, etc. sind nach Übereinkunft erlaubt, nicht jedoch Abkürzungen oder Wörter mit Bindestrich bzw. Eigennamen (siehe allgemeine Einführung für „Wörterzauber"). Ä, Ö, und Ü werden wie bei Kreuzworträtseln AE, OE und UE geschrieben, ß wird zu SS.

Wertung

Sobald der Code des Gegners geknackt ist, wird die Zahl der benötigten Testwörter von der Zahl 12 abgezogen und dadurch der Punktestand ermittelt. Das heißt, sollten Sie 5 Testwörter gebraucht haben, beträgt Ihr Ergebnis 7 Punkte.

Spielablauf

Sie nennen Ihrem Gegner zunächst ein Testwort, das aus fünf Buchstaben besteht. Dieses Wort muss sinnvoll sein, das heißt, den allgemeinen Regeln für Wortbildungen entsprechen. Daraufhin wird Ihnen mitgeteilt, wie viele der genannten Buchstaben im Schlüsselwort des Gegners an genau der genannten Stelle vorkommen (was der Fragesteller auf seinem Blatt durch ein Kreuz kennzeichnet) und wie viele zwar vorkommen, aber an einer falschen Stelle stehen (zu kennzeichnen durch einen Kreis).
Beispiel: Der zu erratende Code von Spieler A ist das Wort „MAGER". Spieler B tippt auf die Buchstaben „REBEN". Dieser Tipp bringt ihm ein Kreuz (für das „E" an der richtigen Stelle) und einen Kreis (für das „R") ein.
Durch eine Sand- oder Stoppuhr (Countdown mit akustischem Signal) wird die Bedenkzeit pro Tipp begrenzt. Ich schlage für geübtere Spieler zwei bis drei Minuten vor. Beide Spieler sagen dann gleichzeitig, unmittelbar hintereinander, ihren Code an, und geben dem Gegenspieler die Zahl der Treffer, also der Kreuze und Kreise, bekannt. Danach wird die Uhr wieder in Gang gesetzt. Sobald ein Spieler glaubt, das Schlüsselwort zu wissen, darf er, so er an der Reihe ist, einen Breakversuch machen. Liegt er richtig, ist für ihn das Spiel beendet. Irrt er jedoch, wird keine Mitteilung über etwaige Kreuze oder Kreise gemacht, d. h. er verliert einen Testversuch. Damit ist jeder Breakversuch ein gewisses Risiko.

Bemerkungen

Trotz aller unbestreitbaren Qualitäten des MASTERMIND muss man zugeben, dass dieses Spiel eine Simplifizierung des altehrwürdigen Wörterratens darstellt. Bei MASTERMIND denkt ein Spieler angestrengt nach, und der andere ertappt sich dabei, immer wieder auf die Uhr zu schauen. Außerdem fehlt mir auch der „Sprachwitz" des alten Buchstabencodes.

Der CODEBREAKER lässt praktisch keinen Moment der Langeweile für den Codeersteller zu, da ja beide Mitspieler gleichzeitig nachdenken müssen. Bei fixen Bedenkzeiten können auch Spitzenergebnisse ermittelt und in Rekordlisten eingetragen werden. 26 Buchstaben des Alphabets erlauben enorme Kombinationsmöglichkeiten, wenn auch durch die Forderung nach „echten" Codewörtern eine vernünftige Lösungschance besteht. Außerdem kann jeder Spieler, der bereits Teilerfolge erzielt hat (etwa ein Kreuz, zwei Kreise), gezielt auf eine Lösung hinarbeiten. Man denkt also sozusagen nicht abstrakt, sondern jongliert gleichzeitig mit Wörtern. Ich finde, dass dadurch eine besondere linguistische Herausforderung gegeben ist. Es gibt aber auch Codewörter, die selbst nach 12 Reihen nicht geknackt werden können (man denke wieder an die Rekordlisten).

Hinweisen will ich auch auf die Möglichkeit einer Handicapwertung. Der schwächere Spieler zählt von 13, 14 oder sogar 15 weg seine Punkte, d. h. er gewinnt bis zu drei Tipps pro Spiel. Dies ist gerade beim Spiel Erwachsener gegen Kind zu empfehlen. Zur Kontrolle empfehle ich unbedingt, sowohl die eigenen Tippversuche als auch die des Gegenspielers, mitzuschreiben, das heißt eine doppelte Buchführung zu machen (siehe Spielplan).

Ganz wichtig bei diesem Spiel ist eine gewisse Großzügigkeit im Umgang mit Wort und Zeit, um keinen Frust aufkommen zu lassen. Bitte denken Sie auch in der Hitze des Gefechtes daran.

Teamversion

Die Teams sitzen einander gegenüber, jeweils zwei Spieler treten gegeneinander an. Es werden entweder die einzelnen Spiele gewertet, unabhängig von der Höhe des Sieges, oder Sie zählen die jeweiligen Punkte, d.h. die Wertung lautet in jedem Duell für jeden Spieler 12 minus Anzahl der Tipps.

Im Klassenverband haben sich vier Teams (A, B, C, D) zu je sechs, sieben oder acht Spielern bewährt. Das Format sieht dabei so aus: (1) A gegen B, C gegen D, (2) Gewinner gegen Gewinner, Verlierer gegen Verlierer. Oder Sie lassen jedes Team gegen jedes andere spielen, was eine zusätzliche Spielrunde erfordert.

Beispiel für Spieler A:

Gegner rät – Spieler A antwortet		Spieler A rät – Gegner antwortet	
ASKET	*Codewort A*	*MARKT*	*Codewort B*
RABEN	*XO*	*AESTE*	*OO*
HOBEL	*X*	*SAGEN*	*X*
KATZE	*OOOO*	*ORNAT*	*XOO*
ASTER	*XXXO*	*MONAT*	*XXO*
ASKET	*Break*	*MAKEL*	*XXO*
		KRAKE	*XOO*
		MARKT	*Break*

*4 Testwörter = **8 Punkte***   *6 Testwörter = **6 Punkte***

Taktische Hinweise

- Vermeiden Sie Wörter, in denen eine zu hohe Zahl häufiger Buchstaben vorkommt (e, a, s, n), oder auch „zwangsläufige" Kombinationen (ch, sch, ie, ei). Meist wird in den Dechiffriercodes (den Testwörtern) sofort danach gesucht.
- Sehr irreführend können Wörter sein, die nicht in ihrer Grundform verwendet werden („ehret", „Kahne", „moege"). Bei schwächeren Spielern oder Kindern sind überhaupt nur Hauptwörter, Zeitwörter in der Nennform und Eigenschaftswörter zu empfehlen.
- In den ersten Tippreihen sollte eher schnell eine Art Rasterfahndung vorgenommen werden. Das heißt, Sie versuchen erst gar nicht, das Codewort direkt zu erraten, sondern möglichst viele unterscheidbare Positionen zu erkunden. Später gelingt dann oft überraschend schnell eine Lösung.
- Versuchen Sie, möglichst bald den ersten Buchstaben zu „erraten". Dadurch können sie wesentlich leichter verschiedenste Lösungsmöglichkeiten anvisieren.
- Günstig ist es, im ersten Rateversuch überhaupt keinen Treffer zu landen. Dadurch können für das weitere Spiel fünf Buchstaben ausgeklammert werden. Hier ist aber auch ein wenig Glück dabei.
- Legen Sie sich nicht zu früh auf den einen oder anderen fixen Buchstaben fest, da dadurch Ihre Denkrichtung blockiert sein kann.

Varianten

Einige weitere Spielmöglichkeiten will ich Ihnen nicht vorenthalten.

MASTERMIND (Spielausgabe): Gespielt wird mit 8 Codefarben und 5 Code-löchern, wobei jede erdenkliche Farbkombination gewählt werden kann. Ein Spieler legt geheim eine beliebige Kombination von fünf Farben fest, der andere versucht diesen Geheimcode zu knacken. Dabei werden vom Code-maker durch in Dechiffrierlöcher gesteckte schwarze oder weiße Stifte Hin-weise auf Volltreffer, d.h. Farbe und Lage richtig (Schwarz) bzw. richtige Farbauswahl (Weiß) gegeben. Diese Stifte werden bei jeder Reihe in beliebi-ger Anordnung in die fünf Dechiffrierlöcher platziert. (Bei Wahl einer falschen Farbe bleiben natürlich Löcher frei.) Sobald fünf schwarze Stifte aufscheinen, ist der Code geknackt. Es gewinnt jener Spieler, der für das Knacken des gegnerischen Codes weniger Versuche gebraucht hat.

BULL AND COW: Hier werden statt Buchstaben die Ziffern von 0 (oder 1) bis 9 als Codes verwendet. Wer einen genauen Treffer macht, bekommt einen „bull", wer zumindest die Ziffer errät, eine „cow". Sie können dies durch eigene Tierzeichen symbolisch darstellen.

DOUBLE-BREAKER: Diese von Don Laycock erfundene Variante erlaubt nur die Ansage einer Zahl von Treffern, nicht aber die Unterscheidung zwischen einfachen Treffern (der Platz stimmt nicht überein, Kreise) und solchen, die genau an der richtigen Stelle liegen (Kreuze). Dafür muss der ratende Spie-ler bei der Bekanntgabe seines Codewortes auch mitteilen, wie viele Treffer er mit seinem Testversuch bei seinem eigenen Schlüsselwort hätte. Es ist daher bei dieser Variante genau zu überlegen, wie weit man mit seinem Rateversuch nicht den Gegner stärkt, indem man ihm indirekt den eigenen Code aufschlüsselt. Z.B. müsste bei obigem Beispiel (eigenes Codewort MAGER) das Wort „REBEN" mit der Zusatzzahl „2" angesagt werden. Gene-rell ist es günstig Ansagen mit „1" oder „2" zu machen, keinesfalls aber sol-che mit „0", „4" oder gar „5".

FAIRY-JOTTO: In dieser wilden Variante müssen sowohl die Schlüsselwör-ter als auch die Ratewörter nicht wirklich existieren. Dadurch sind unglaub-lich viele Kombinationsmöglichkeiten denkbar (26 Buchstaben des Alpha-bets, beliebig gemixt). Ansonsten gelten die gleichen Regeln wie für den Codebreaker.

SWITCHCODES: In dieser enorm anspruchsvollen Variante dürfen Sie Ihr Schlüsselwort beliebig oft verändern. Was immer Sie Ihrem Gegenüber mitteilen (Kreuze und Kreise), muss jedoch Ihrem veränderten Schlüsselcode entsprechen. Das heißt, einmal gegebene Informationen sind bindend für die Bildung eines neuen Schlüsselwortes.

Beispiel:

Sie haben in Runde 1 auf das Testwort „ABEND" ein Kreuz und einen Kreis mitgeteilt. Daher können Sie dieses Schlüsselwort etwa auf „LIEBE" abändern, nicht aber auf „OBERS" (zwei Kreuze).

Wer gut „logisch" kombiniert, wird es leichter haben, den Code zu knacken.

Spielplan CODEBREAKER

Punkte												
12												
11												
10												
9												
8												
7												
6												
5												
4												
3												
2												
1												

Punkte												
12												
11												
10												
9												
8												
7												
6												
5												
4												
3												
2												
1												

© Cornelsen Verlag Scriptor, Berlin • Die Fundgrube für Spiele • Codebreaker

HANGMAN

Spielerzahl: 1 bis 30+
Gruppenzusammensetzung: beliebige Altersstufen
Alter: ab 8
Dauer: ab 5 Minuten (variabel)
Glück/Können (insgesamt 10 Punkte) – 5:5
Entstehungszeit: 19. Jahrhundert
Autor: unbekannt, vorliegende Zählweise Hugo Kastner
Unterrichtsgegenstand: Deutsch, Englisch, Französisch, Spanisch, Italienisch
Material: keines

Kleine Galgenvögel
Vom Volksschulalter an fasziniert dieses überaus populäre Deduktions-
spiel praktisch jedermann. Ein Beweis für die Nachhaltigkeit des Spiel-
mechanismus ist auch das im Fernsehen beliebte Glücksrad. Die hier
angebotene Version von HANGMAN zeichnet sich durch einen für Schulklassen sehr geeigneten Wettkampfcharakter aus. Außerdem lässt sich
dieses Spiel hervorragend in Fremdsprachen einsetzen, da in diesem Fall
aus dem Pool aller jener Wörter gefischt werden darf, die in der jeweiligen Schulstufe verwendet werden.

Spielziel
Ein vom Spielleiter vorgegebenes Wort wird mit Hilfe von (möglichst wenigen) Buchstaben erraten.

Spielablauf
Der Spielleiter schreibt ein geheimes Wort durch die entsprechende Zahl von
Unterstrichen auf die Tafel. Jeder Unterstrich steht für einen fehlenden
Buchstaben. Die Schüler (als Team) nennen nun einen Buchstaben ihrer
Wahl, der, falls er im gesuchten Wort vorkommt, an die Stelle eines Unter-
strichs eingetragen wird. Sollte der Buchstabentipp mehr als einmal im Wort
aufscheinen, wird er an allen passenden Stellen eingetragen. Kommt der
getippte Buchstabe aber nicht im geheimen Wort vor, wird er an der Tafel
notiert und der Fehltipp durch eine kleine Zeichnung festgehalten. Diese
Zeichnung, ein Galgenhügel mit einem aufgehängten Männchen ist namen-

gebend für dieses Wortspiel. Sobald ein Schüler glaubt, das Lösungswort zu wissen, ruft er „Bingo" und bekommt damit einen Rateversuch. Das Spiel geht so lange, bis entweder das Wort erraten ist, drei Fehltipps abgegeben wurden, oder bis die Schüler „am Galgen baumeln".

Skizze
Der „Hangman" besteht aus genau zwölf Teilen, dem Galgenhügel, dem Galgen (3-teilig), dem Strick und dem Männchen (7-teilig, Kopf, Hals, Körper, Arme und Beine). Links von der Zeichnung werden die falschen Tipps festgehalten. Das Beispiel zeigt einen erfolglosen Versuch, das geheime Wort zu finden. Die Lösung lautet: HANGMAN.

Wertung
In der hier angebotenen Version dieses Klassikers habe ich eine sehr wettbewerbsorientierte Punktewertung eingeführt. Die Schüler oder der Spielleiter (Lehrer) können pro Partie maximal 12 Punkte ansammeln. Die Schüler bekommen diese Punkte, wenn sie das geheime Wort ohne Fehltipp erraten. Für jeden Buchstaben, der geraten wird und nicht im Wort vorkommt, wird jedoch ein Punkt abgezogen. Das heißt, falls der Galgen aufgebaut ist, aber noch ohne Strick, bekommen die Schüler 8 Punkte. Fehlen dagegen nur noch die Beine des Männchens, dürfen zwei Punkte gutgeschrieben werden. Der Spielleiter wird mit 12 Punkten belohnt, wenn es ihm gelingt, die Schüler zu hängen. Außerdem dürfen für jeden Tippversuch, der nicht das richtige Lösungswort zeitigt, 4 Punkte eingetragen werden. Nach dem dritten inkorrekten Tippversuch endet damit das Spiel (12 Punkte). Es ist auch möglich, dass die Schüler etwa 6 Punkte schreiben (Galgen, Strick und Kopf) und der Spielleiter 4 Punkte (ein falscher Tippversuch). Ziel ist es, 25 Punkte zu erreichen.

HONOURS (dt. Ehre): Der Name des Schülers, dem es gelingt, das Lösungs-wort zu nennen, wird unter den jeweiligen Hangman gesetzt. Dies soll ein kleiner Ansporn sein, alle Kraft in die 5-Minuten-Wortakrobatik zu legen.

Bemerkungen

HANGMAN kann tatsächlich ohne jede Vorbereitung gespielt werden. Die Schüler sind besonders bis zum Alter von zwölf Jahren sehr motiviert, was auch auf die spannende Zählweise zurückzuführen ist.

Taktische Hinweise

- Je kürzer das geheime Wort, desto schwerer ist es zu erraten. Dies steht ganz im Gegensatz zum intuitiven Gefühl der Kinder, die ganz stolz auf endlos lange Wörter sind.
- Weisen Sie die Schüler darauf hin, dass sehr viele Wörter ein A oder ein E enthalten. Diese Vokale sind daher sehr früh zu tippen.
- Weisen Sie außerdem darauf hin, dass im Deutschen bestimmte Buchsta-benkombinationen sehr häufig sind: z.B. CH, SCH, DE, TE, ND, IN, ES, TZ, ST, SP, EI, EU, ...
- Kommentieren Sie das Geschehen ein wenig. Gerade bei jüngeren Schülern ist das Kribbelgefühl sehr groß, wenn einmal der Strick vom Gal-gen baumelt.
- Lassen Sie den jüngeren Schülern gewisse Erfolgserlebnisse, indem Sie den Schwierigkeitsgrad der Wörter altersgemäß wählen.

Varianten

Wesentlich leichter wird die Suche nach dem geheimen Wort, wenn Anfangs-und/oder Endbuchstaben vorweg bekannt gegeben werden. Diese Variante ist nur bei sehr jungen Kindern zu empfehlen, um ihnen ein Erfolgserlebnis mehr oder weniger zu garantieren.

Mit ein wenig Gefühl wird Hangman auch in Ihrer Klasse zum Klassiker.

LABYRINTH

Spielerzahl: 2 bis 30+
Gruppenzusammensetzung: beliebige Altersstufe
Alter: ab 12
Dauer: ab 10 Minuten (variabel)
Glück/Können (insgesamt 10 Punkte) – 4:6
Entstehungszeit: um 1980
Autor: nach einer Idee von David Parlett
Englischer Name: „Phrase Maze"
Unterrichtsgegenstand: Sprachfächer
Material: Spielplan

Wie lautet die verborgene Botschaft?
Im Unterschied zu den meisten bekannten Wortspielen muss bei LABY-
RINTH nach einer Botschaft, also einem zusammenhängenden Text,
gesucht werden. David Parlett hat mit seiner Spielvariante eine ältere
Idee der Chiffrierkunde in eine geradezu ideale Form der unterhaltsamen
Verschlüsselung umgewandelt. Je nach Reifegrad der Schüler kann Laby-
rinth in allen Sprachgegenständen eine große Herausforderung darstel-
len. Außerdem eignet sich dieses Spiel wunderbar als Lehrer-Schüler-
Wettkampf, wobei die Klasse zwar zu individuellem Denken angeregt
wird, aber dennoch als Team auftritt.

Spielziel
Schüler wie Lehrer müssen eine in einem Raster verborgene Botschaft finden.

Spielvorbereitung
Beide Teams, also Schüler und Lehrer (oder wahlweise auch zwei Schülergruppen) müssen eine textlich sinnvolle Botschaft in einen vorgegebenen
Raster eintragen. Jeder Schüler eines Teams kann durchaus individuell, d. h.
mit eigenem Spielplan, arbeiten, die Botschaften müssen aber absolut identisch sein.
Wichtig ist es, Eintragungen in das Doppelraster genau vorzunehmen, um
später keine „unmöglichen" Botschaften zu erzeugen.

Raster/Botschaft

Wie beim altehrwürdigen SCHIFFE VERSENKEN hat jeder Schüler eine doppelte Rastervorlage zur Verfügung. Im linken Raster wird die eigene Geheimbotschaft eingetragen, das rechte Raster wird mit den vom Gegenspieler erfragten Buchstaben gefüllt. Die Botschaft muss zusammenhängend in „Schlangenform" eingetragen werden, d. h. die Buchstaben müssen vertikal oder horizontal verbunden sein. Eine diagonale Ausrichtung im Raster ist nicht erlaubt, es sei denn, Sie wollen den Schwierigkeitsgrad des Spiels deutlich steigern. In diesem Fall ist vor Spielbeginn eine klare Vereinbarung zu treffen. Der Start und der Endbuchstabe werden durch Unterstreichen oder Einringeln extra markiert. Durch die Notation 1−2−3−4−5 (horizontal) und 6−7−8−9−0 (vertikal) kann jedes Feld mit einer Zahl angepeilt werden. So verlangt im unten stehenden Beispiel „36" nach dem D, oder „40" nach dem A. Die Botschaften können frei ausgedacht sein, aber ebenso gut geeignet sind Filmtitel, Sprichwörter, Liedanfänge usw. Insgesamt darf der Text nicht mehr als 25 Buchstaben umfassen.

Beispiel für die Botschaft DIESE AUFGABE IST TRICKREICH

	1	2	3	4	5			1	2	3	4	5
6	H	C	D	S	E		6					
7	E	I	I	E	A		7	E	D			
8	R	K	I	E	U		8	C				
9	I	C	S	B	F		9	H				
0	R	T	T	A	G		0					

Spielablauf

Abwechselnd wird von beiden Spielern (oder Mannschaften) ein Feld angepeilt. Die gegnerische Mannschaft nennt den betreffenden Buchstaben und dieser wird im zweiten Raster vermerkt. Sollte der Start- oder Endbuchstabe „angeschossen" werden, muss der betreffende Spieler dies dem Gegner mitteilen. Sobald ein Spieler glaubt, die vollständige Botschaft zu kennen, darf er, statt ein Feld anzupeilen, einen Dechiffrierversuch machen.

Wertung

Für jedes Feld, das noch nicht angeschossen wurde, wird ein Punkt gut geschrieben. Das heißt, dass ein Erraten nach 18 angepeilten Feldern 7 Punkte einbringt. Außerdem darf ein weiterer Punkt pro angeschossenes Leerfeld des Gegners gewertet werden. Diese letzte Regel ist optional, aber durchaus zu empfehlen, da dadurch jeder Spieler ermutigt wird, möglichst das ganze Raster anzufüllen. Gespielt wird auf 10, 12 oder 15 Punkte, d. h. es sind einige Partien nötig, um LABYRINTH zu gewinnen.

Taktische Hinweise

- Achten Sie beim Erstellen des Textes auf schwer lesbare Schlangenlinien.
- Ändern Sie immer wieder Ihr Start- und Endfeld.
- Beim Anpeilen der gegnerischen Felder müssen Sie verschiedenste Buchstabenkombinationen im Auge behalten. So sind SCH, TZ, ST, CH, ND, DE usw. im Deutschen sehr häufig. Außerdem darf nicht AE, OE und UE, sowie SS für ß vergessen werden. Im Englischen dagegen kommen viele RY, SH, TH etc. vor.
- Lassen Sie keinesfalls zu viele Felder frei. Jedes Anpeilen durch den Gegner kostet Ihnen bei der Abrechnung einen Punkt.
- Machen Sie nur einen Dechiffrierversuch, wenn Sie eine echte Chance haben, den vollständigen Text zu erraten. In der gleichen Runde haben Sie keinen Peilversuch.

Varianten

Sie können eventuell das Raster um ein Feld erweitern, um längere Botschaften unterzubringen. Allerdings wird dadurch das Spiel deutlich langwieriger und verliert ein wenig von seiner Spritzigkeit. Außerdem müssten Sie die sehr bequeme Notation ändern. Sehr zu empfehlen ist dagegen bei älteren Schülern das Zulassen mehrerer Sprachen für die geheime Botschaft. Dadurch ist in der Frühphase unklar, in welche Richtung man denken soll. Optional kann vor dem Spiel festgelegt werden, dass keinesfalls mehr als drei Blanks (Leerfelder) pro Raster freigehalten werden dürfen. Durch die Wertung 1 Punkt pro angepeiltes Blank wird der Spieler mit Kurzbotschaften aber ohnehin bestraft.

Ob Sie sich wohl im Labyrinth Ihrer Gegner zurechtfinden?

Spielplan LABYRINTH

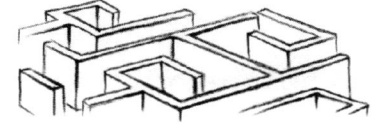

	1	2	3	4	5
6					
7					
8					
9					
0					

	1	2	3	4	5
6					
7					
8					
9					
0					

	1	2	3	4	5
6					
7					
8					
9					
0					

	1	2	3	4	5
6					
7					
8					
9					
0					

	1	2	3	4	5
6					
7					
8					
9					
0					

	1	2	3	4	5
6					
7					
8					
9					
0					

WORDSQUARES

Spielerzahl: 2 bis 30+
Gruppenzusammensetzung: beliebige Altersstufen
Alter: ab 10
Dauer: ab 10 Minuten (variabel)
Glück/Können (insgesamt 10 Punkte) – 3:7
Entstehungszeit: unbekannt
Autor: unbekannt
Englischer Name: „Scorewords", „Crossword"
Unterrichtsgegenstand: Sprachfächer
Material: Spielplan

Pokern mit Buchstaben

Ganz dem Pokersquares nachempfunden ist die vorliegende Spielform mit Buchstaben, WORDSQUARES. Die Spieler sind gefordert, in Sekundenschnelle Entscheidungen zu treffen, wo sie in einem 5 x 5-Raster bestimmte Buchstaben platzieren wollen, um bei der Abrechnung hohe Ergebnisse zu erreichen. Auf den ersten Blick scheint dieses Spiel sehr einfach zu sein, aber schon nach wenigen Versuchen stellt sich heraus, dass der findigere und sprachlich gewandtere Spieler große Vorteile hat. Um dies auszugleichen, bietet sich, wie bei fast allen Wortspielen, eine Handicapvariante an. Es soll auch hier nicht immer der Wortakrobat gewinnen.

Spielziel

Jeder Schüler füllt ein 5 x 5-Raster mit Buchstaben an und versucht dabei möglichst viele Wörter zu bilden.

Spielvorbereitung

Jeder Schüler bekommt ein zunächst leeres 5 x 5-Raster. Er darf nun ins zentrale Feld einen Buchstaben seiner Wahl eintragen. Danach wird reihum von jedem Schüler ein Buchstabe seiner Wahl angesagt, der für alle verbindlich ist, d. h. von jedem Mitspieler in eines der 24 leeren Felder auf seinem persönlichen Raster eingetragen werden muss. Danach folgt der nächste Buchstabe, bis 24 der 25 Felder gefüllt sind. Zuletzt wird das 25. Feld wieder mit einem individuell bestimmten Buchstaben belegt und dann abgerechnet. Ä, Ö und Ü können als Einzelbuchstaben angesagt oder in der üblichen AE, OE, UE Schreibweise eingetragen werden. Ebenso ist es denkbar beide Varianten zu mischen. Die Regel ist vor dem Spiel zu vereinbaren.

Wertung

In der Grundwertung bringt jedes gültige Wort waagrecht oder senkrecht gelesen 3, 4 oder 5 Punkte, entsprechend der Wortlänge.

In der von mir bevorzugten Spezialwertung sind aber auch überlappende Wörter pro Zeile möglich. Allerdings darf dabei nicht ein Wort vollständig in einem anderen enthalten sein. Daher ergibt sich für jede Zeile folgende Chance:

3 Punkte: für ein 3-buchstabiges Wort

4 Punkte: für ein 4-buchstabiges Wort

6 Punkte: für zwei überlappende 3-buchstabige Wörter (z.b. GAS und AST)

7 Punkte: für zwei überlappende Wörter, ein 3- und ein 4-buchstabiges (z. B. REIS und IST, nicht aber EIS)

8 Punkte: für zwei überlappende 4-buchstabige Wörter (z.b. HEIL und EILE)

9 Punkte: für drei überlappende 3-buchstabige Wörter (z.b. BEI, EIS und IST)

10 Punkte: für ein 5-buchstabiges Wort

Das maximale Ergebnis sind 100 Punkte (50 waagrecht und 50 senkrecht).

Bemerkungen

WORDSQUARES ist ein Spiel der kurzen Wörter. Je mehr davon zu Ihrer Verfügung stehen, desto eher die Wahrscheinlichkeit, dass sich nützliche Kombinationen ergeben. Wichtig ist es in jedem Fall, die Schüler zu schnellem Spiel zu ermuntern, da auch dieses Spiel mit Buchstaben keine langen theoretischen Analysen verträgt. WORDSQUARES lässt sich in englischer Sprache besser spielen als im Deutschen. Der Grund liegt in der durchschnittlichen Wortlänge, die im Englischen beträchtlich kürzer ist, sowie in der größeren Zahl von Buchstabenkombinationen. Daher ist auch bereits in der Sekundarstufe I eine fremdsprachliche Wordsquare-Stunde zu empfehlen.

MUSTERSPIEL: w = waagrecht, s = senkrecht

Achtung: wenn in Zeile eins GAST gewertet wird, fällt das Wort AST weg, da es vollständig im anderen Wort enthalten ist!

					Pts.	Words
G	A	S	T	I	6	w/gas, ast s/goal
O	M	E	N	H	4	w/omen s/amt
A	T	E	E	R	4	w/teer s/see
L	K	B	C	K	0	w/- s/-
O	F	T	O	R	3	w/tor s/ihr
Pts. 4	3	3	0	3	30	

Taktische Hinweise

■ Ziehen Sie die Zahl der Mitspieler in Ihre Überlegungen ein. Bei fünf Spielern kommen Sie vier- bis fünfmal dazu, einen Buchstaben zu rufen, bei 12 Spielern dagegen nur zweimal. Daher ist es bei einer größeren Anzahl von Mitspielern eher ungünstig, auf 10 Punkte pro Zeile zu spielen.

■ Bedenken Sie, dass manche Buchstabenkombinationen am Wortanfang kaum vorkommen, andere wieder am Wortende völlig unwahrscheinlich sind.

■ Ohne Selbstlaute gibt es keine Wörter. Diese triviale Feststellung verleitet viele Spieler anzunehmen, dass ohnehin einer der Mitspieler einen Vokal rufen wird, und man daher selbst die unmöglichsten Konsonanten nennen kann, die bei jedem anderen Square außer dem eigenen kaum Kombinationen erlauben. Aber oft wartet man leider auch selbst vergeblich auf ein erlösendes E oder A. Achtung: Im Englischen ist Y ein Vokal, wie zahlreiche Wörter beweisen: cry, by, hymn, crypt etc.

■ Je mehr Mitspieler, desto geringer das Durchschnittsergebnis. Oft reichen schon 35 bis 40 Punkte um zu gewinnen. Falls dagegen zu zweit oder zu dritt gespielt wird, dürften Sie mit weniger als 50 Punkten kaum Gewinnchancen haben.

Wordsquares ist manchmal tatsächlich ein Pokern mit Buchstaben.

Spielplan WORDSQUARES

						Pts.	Words
Pts.							

						Pts.	Words
Pts.							

						Pts.	Words
Pts.							

LEXIKOGRAF

Spielerzahl: 5 bis 30+
Gruppenzusammensetzung: altersmäßig homogen
Alter: ab 16
Dauer: ab 25 Minuten (variabel)
Glück/Können (insgesamt 10 Punkte) – 4:6
Entstehungszeit: 60er-Jahre
Autor: unbekannt
Englischer Name: „Call My Bluff", „Fictionary Dictionary"
Unterrichtsgegenstand: Deutsch
Material: 50 Grundwörter in 5 Serien, Spielplan

Call my bluff

LEXIKOGRAF erfordert eine gute Allgemeinbildung, Kreativität im Umgang mit Wörtern, einen Sinn für das Bizarre und einen Schuss Humor. Seit vor einigen Jahren im britischen Fernsehen eine Sendung mit dem Titel „Call My Bluff" lief, wo Kandidaten zu obskuren Wörtern aus verschiedensten Definitionen die einzig richtige herausfinden mussten, hat dieses Spiel weltweit seinen Weg gemacht. Die sprachliche Faszination, die von diesem Spiel ausgeht, ist kaum zu übertreffen.

Spielziel
Aus einer Reihe von Definitionen eines seltenen Wortes müssen die Schüler die einzig korrekte herausfinden.

Spielablauf
Die Klasse wird zunächst in 4 bis 6 Gruppen aufgeteilt. Dann nennt der Spielleiter ein wenig bekanntes Fremdwort, das von jeder Gruppe auf einem mit Namen versehenen Spielplan in einer eigenständigen Definition zu umschreiben ist. Der Zeitrahmen sollte, je nach Alter und Sprachfähigkeit der Schüler, zwischen 3 und 5 Minuten liegen. Danach werden alle Definitionen zusammen mit der vom Spielleiter vorbereiteten vorgelesen und auf der Tafel festgehalten. Jede Gruppe hat nun einen Rateversuch, die einzig korrekte Definition herauszufinden. Dieser Tipp wird geheim auf einem Stück Papier aufgeschrieben und sofort ausgewertet.

Wertung

Für jeden richtigen Tipp gibt es einen Punkt. Dazu kommt, und hier liegt der besondere Spielwitz, ein Bonus von einem weiteren Punkt für jeden Gegenspieler, den der Schüler mit seiner eigenen Definition täuscht, d. h. den er dazu veranlasst, seine Umschreibung für die korrekte zu halten. Pro Grundwort kann ein Spieler daher genau so viele Punkte schreiben, wie Definitionen verlesen wurden.

Spielen etwa fünf Teilnehmer mit, sind für den eigenen korrekten Tipp ein Punkt, sowie bei Täuschung aller anderen Spieler weitere vier Punkte möglich.

Beispiel 1:

(5 Gruppen plus Spielleiterdefinition): Die Lösungen finden Sie im Anhang
Grundwort SYNECHIE

1. Amtlich bestätigte Unfähigkeit, zusammenzuleben

2. Harmonisches Zusammenspiel von Blasinstrumenten

3. Restharn im Tierkadaver

4. Verwachsung von Regenbogenhaut und Augenlinse

5. Widerhall im gebirgigen Gelände

6. Wissenschaft von der Fortbewegung des Schalls

Beispiel 2:
Grundwort MARIOLATRIE

1. Lehre vom Bau- und Vermessungswesen

2. Medizinisch: Beseitigung von Altersflecken

3. Messtechnik im Gelände

4. Sprachwitz in vulgärer Form

5. Verehrung der heiligen Maria

6. Westliche Glaubensform aus dem 13. Jahrhundert

Beispiel 3:
Grundwort DESULTORISCH

1. Abenteuerlich

2. Ängstlich, verzweifelt

3. Ergebnisorientiert, zielgerichtet

4. Sprunghaft, unbeständig

5. Verwerflich, abwertend

6. Vulgär, ordinär

Spielende

Gespielt wird grundsätzlich, so lange es Spaß macht. LEXIKOGRAF lebt nicht nur vom erfolgreichen Rateversuch, sondern ist bereits in der Definitionsphase eine ungeheure Herausforderung. Wenn Sie aber zusätzlich eine Wettbewerbskomponente in dieses Spiel bringen wollen, so sollten Sie auf 10 Grundwörter spielen.

Bemerkungen

Ganz wichtig ist es, die Definitionen alphabetisch vorzulesen, und zwar entsprechend dem ersten Wort, das kein Artikel ist. Vielleicht ist bei Neueinsteigern auch eine Proberunde nötig, um ein Gefühl für die Umschreibung zu bekommen. Hier ist Ihr Gespür als Lehrer gefordert.

Taktische Hinweise

- Versuchen Sie als Spieler typische Wörterbuchdefinitionen nachzuahmen.
- Scheuen Sie sich nicht, absoluten Unsinn niederzuschreiben. Hauptsache Ihre Umschreibung klingt glaubwürdig.
- Vermeiden Sie langwierige Definitionen. Diese sind im Lexikon verpönt.
- Tippen Sie durchaus auf das Unmögliche. Die Grundwörter sind im unbekannten Terrain angesiedelt.
- Genießen Sie es, Ihre Mitspieler irrezuführen. Dadurch werden Sie locker beim Umschreiben der Begriffe.

Vermeiden Sie es, hyperkritisch zu sein!

Grundwortkatalog

Die Definitionen sind dem Duden-Fremdwörterbuch entnommen.

Serie 1
HYPERGAMIE: Heirat einer Frau aus niederer Schicht mit einem Mann aus höherer

EXTINKTEUR: Gerät zum Feuerlöschen

DAGOBA: Buddhistischer Reliquienschrein

SCHIRWAN: Dichter, kurzhaariger Teppich mit geometrischem Muster

TARSAL: Zur Fußwurzel gehörend

CARACALLA: Langer Kapuzenmantel

BOISIEREN: Mit Holz täfeln

BHAKTI: Liebende Hingabe an Gott

AVERNALISCH: Höllisch, qualvoll

ARRAK: Ostindischer Branntwein aus Reis

Serie 2
MASTITIS: Brustdrüsenentzündung

KUPIDITÄT: Begierde, Lüsternheit

JUNKTUR: Verbindung, Fuge

HYPERGEUSIE: Abnorm verfeinerter Geschmackssinn

EXSEKRIEREN: Verwünschen, verfluchen (katholische Kirche)

ANDESIN: Gesteinsbildendes Mineral

GRAPHOMANIE: Schreibbesessenheit

MASTOPATHIE: Knötchenbildung an den Brüsten

KLAUSTROPHILIE: Hang zur Einsamkeit

GAMBIT: Schacheröffnung mit einem Bauernopfer

Serie 3
EPHORIE: Kirchlicher Aufsichtsbezirk

PRECANCEL: Im voraus entwertete Briefmarke

SCHUBIACK: Niederträchtiger Mensch, Lump

TSANTSA: Eingeschrumpfte Kopftrophäe

URATISCH: Mit der Harnsäure zusammenhängend

PRAXEOLOGIE: Wissenschaft vom rationalen Handeln

NIGROMANT: Zauberer, Wahrsager

SUBHASTIEREN: Öffentlich versteigern, lizitieren

DYSARITHRIE: Mühsames Sprechen, Stammeln
EFFERENT: Von einem Organ herkommend

Serie 4

ISOKEPHALIE: Gleiche Kopfhöhe aller Gestalten eines Gemäldes
KONTRIBUIEREN: Steuern entrichten
TALLÖL: Aus Harzsäuren bestehendes Nebenprodukt bei der Zellstoffherstellung
VICOMTESSE: Französischer weiblicher Adelstitel
PARKERISIEREN: Eisen durch Phosphatüberzug rostsicher machen
MITZWA: Gute, gottgefällige Art
MIRABILE DICTU: Kaum zu glauben
ELOXAL: Schutzschicht aus Aluminiumoxid
CHARTISMUS: Erste organisierte Arbeiterbewegung in England
APPROVISIONIEREN: Truppen mit Lebensmitteln versorgen

Serie 5

ABDERITISCH: Einfältig, schildbürgerhaft
ARIOSO: Melodischer Ruhepunkt im Sprechgesang
DOGSKIN: Leder aus kräftigem Schaffell
HILLBILLY: Hinterwäldler aus den Südstaaten der USA
SKRUBS: Minderwertige Tabakblätter
TURNÜRE: In der Damenmode verwendetes Gesäßpolster
RIGHEIT: Elastische Widerstandsfähigkeit fester Körper gegen Formveränderungen
RHINOGEN: Von der Nase ausgehend
PROTONOTAR: Ehrentitel geistlicher Würdenträger
NONVALEUR: Wertlos erscheinendes Wertpapier

Spielplan LEXIKOGRAF

Grundwort	Definition	Bem.

BOGGLE 100

Spielerzahl: 1 bis 30+
Gruppenzusammensetzung: beliebige Altersstufen
Alter: ab 12
Dauer: ab 10 Minuten (variabel)
Glück/Können (insgesamt 10 Punkte) – 1:9
Entstehungszeit: vermutlich um 1980
Autor: nach einer Idee von David Parlett
Englischer Name: „Acrostic-hunt"
Unterrichtsgegenstand: Deutsch, Englisch, Französisch, Spanisch, Italienisch
Material: 280 Grundwörter in fünf Sprachen, Spielplan, Stoppuhr

10 mal 10, das ultimative Ziel
Das vielleicht herausforderndste Wortspiel überhaupt ist die hier vorliegende Version von BOGGLE 100. Sie können dieses Spiel allein ebenso
genießen, wie in einer großen Spielrunde von 30 und mehr Personen.
Auch die menschliche Sucht nach immer neuen Rekorden wird bei BOGG-
LE 100 leicht befriedigt. Alles was Sie brauchen, ist ein Blatt Papier und
eventuell eine Uhr zur Zeitmessung.

Spielziel
Mit den Buchstaben eines Grundwortes, das aus zehn Buchstaben besteht,
werden möglichst lange neue Wörter gebildet.

Spielvorbereitung
Jeder Spieler schreibt ein vom Spielleiter festgelegtes Wort mit zehn Buchstaben auf den Spielplan (oder ein Blatt Papier).

Spielablauf
Innerhalb von fünf Minuten muss jeder Spieler versuchen, möglichst lange
Wörter aus den zehn zur Verfügung stehenden Buchstaben zu bilden.

Gültige Wortverbindungen
Es gelten folgende allgemeine Regeln für Wortspiele: Verwenden Sie (1)
keine Eigennamen, (2) keine Abkürzungen, (3) keine Wörter mit Satzzeichen, (4) keine Fremdwörter, außer bereits eingedeutschte und (5) AE statt

Ä, OE statt Ö, UE statt Ü und SS statt ß.

Daneben gelten spezielle Sonderregeln: (6) Kein Lösungswort darf direkt im Grundwort enthalten sein (z.B: Grundwort: Buchstaben, Buch oder Stab ist daher nicht möglich). (7) Kein Lösungswort darf doppelt vorkommen, z. B. als Einzahl und Mehrzahl (Grundwort: Polarstern, Lösungswort: Lasten, aber nicht Last). (8) Achtung: Kommt in einem Grundwort zweimal der gleiche Buchstabe vor, darf er auch im Lösungswort zweimal verwendet werden (Grundwort: Polarstern, Lösungswort etwa Raster, zweimal das R).

SPIELENDE und WERTUNG: Unmittelbar nach Ablauf der fünf Minuten werden die Wortlisten zwischen je zwei Mitspielern getauscht und verglichen. Für jeden in einem gültigen Wort verwendeten Buchstaben, d.h. auch für den aus dem Grundwort entnommenen Anfangsbuchstaben, wird ein Punkt vergeben. Daher sind insgesamt theoretisch 10 x 10, d.h. 100 Punkte möglich. Der theoretische Punktwert von 100 ist, wie Sie sich gleich im ersten Spiel überzeugen können, nicht wirklich realistisch. Schon 40 Punkte sind ein gutes Ergebnis, 50 Punkte ein tolles und 60 Punkte absolut außergewöhnlich.

SHOWDOWN: Sobald die Raster kontrolliert sind, stehen alle Schüler auf und der Spielleiter beginnt mit dem Raufzählen. Zunächst in Fünfersprüngen (5–10–15–20–25–30–35–40), dann in Zweiersprüngen (42–44–46–48–50) und zuletzt in Einersprüngen (51–52–53–...). Wird der Punktwert, den ein Schüler erreicht hat, überschritten, setzt sich der Schüler sofort nieder. Zuletzt bleibt nur ein Spieler übrig. Dadurch wird mit Spannung die beste Leistung für das jeweilige Grundwort ermittelt.

Musterbeispiel: *Grundwort*	*S T E I N A D L E R*		*Punkte*
	S T I E R E		6
	T A E L E R		6
	E I S E N	5	
	I N D E R	5	
	N E I D E R		6
	A E S T E		5
	D I S T E L		6
	L E I S T E N		7
	E R L E N		5
	R A S T E N D E		8
		Total	59

Bemerkungen

BOGGLE 100 wird Sie sofort fesseln, da gerade bei diesem Spiel eine wunderbare Balance zwischen Wissen und sprachlicher Kombinationskraft besteht. Je größer Ihre Erfahrung, desto geschickter werden Sie die Grundbuchstaben ausnützen können. Außerdem eignet sich BOGGLE 100 auch hervorragend für Fremdsprachen. Allerdings sind in diesem Fall muttersprachliche Grundwörter günstig, da jede Sprache ganz spezifische Buchstabenkombinationen und Häufigkeitsverteilungen aufweist. Grundwörter in den wichtigsten Fremdsprachen werden weiter unten aufgelistet. Sie können selbstverständlich auch irgendeinen kurzen Textauszug als „Grundwort" nehmen, so lange Sie die Regel mit den zehn Buchstaben beherzigen.

Taktische Hinweise

- Versuchen Sie, schnell wenigstens eine Lösung pro Buchstabe zu finden. Sie vermeiden dadurch übergroßen Zeitdruck.
- Verbessern Sie Ihre Punkte in einer zweiten Phase, indem Sie das eine oder andere Wort umbauen.
- Bedenken Sie die Schwierigkeit mit den Vokalen als Anfangsbuchstaben.
- Ein S ist in der englischen Variante immer günstig für die Pluralbildung.
- Im Deutschen müssen Sie versuchen, Kombinationen wie CH, SCH, ST, EN, ENT, IN, UM, etc. zu nutzen.
- Vergessen Sie nicht, dass Ä, Ö und Ü je zwei Punkte einbringen.
- Achten Sie auf die Möglichkeit von Flexionsformen: statt GROSS (5 Punkte) etwa GROESSER (8 Punkte).

Varianten

Bei diesem Spiel gibt es eine äußerst wettbewerbsorientierte sowie eine sehr auf Rekord ausgelegte Variante.

BOGGLE HEAD-TO-HEAD: Sobald es einem Spieler gelingt, alle zehn Rasterfelder mit zumindest einem zweibuchstabigen Wort zu füllen, darf er „Stopp" rufen. Unmittelbar danach wird wie oben beschrieben kontrolliert und verglichen. Bei dieser Variante haben Sie bereits mit knapp über 30 Punkten realistische Siegchancen. Ihr Ergebnis wird bei dieser Spielform sehr von der Spielstärke der Gegner abhängen.

BOGGLE MAXIMUM: Diese Spielweise erlaubt ein Miteinander aller Schüler und Schülerinnen. Ziel ist es ein Grundwort in beliebiger Zeit möglichst optimal zu nutzen. 80 und mehr Punkte sind durchaus erreichbar, je nachdem, wie viel Zeit Sie in die Ausarbeitung eines Grundwortes stecken. Denkbar ist hier auch die Zuhilfenahme eines Wörterbuchs. Wenn Sie die Maximallösung an die Pinnwand im Klassenzimmer hängen, werden oft noch Tage später weitere Verbesserungen angeboten. Lassen Sie sich überraschen. Bei dieser Variante kann für jedes einzelne Grundwort ein Rekord aufgestellt werden. Die Jagd nach einer Verbesserung stellt für fortgeschrittene Spieler, darunter durchaus auch Lehrerkollegen, eine immense Herausforderung dar.

Machen Sie sich auf viele Stunden lustvoller Gedankenakrobatik gefasst!

Grundwortkatalog

Ich möchte Ihnen nur ein kleines Angebot machen, wählen Sie aus.

Deutsch

ABENDSTERN	ASTEROIDEN	KASSIOPEIA	WASSERMANN
BUCHSTABEN	POLARSTERN	EHEPROZESS	SICHERHEIT
KAFFEEBAUM	KOKOSPALME	FRAUENHAAR	ZITTERGRAS
WEINTRAUBE	CHAMPIGNON	HERRENPILZ	SATANSPILZ
LOEWENZAHN	PELARGONIE	ZUCKERROHR	SAUERSTOFF
EXPERIMENT	KOHLENOXID	MORGENLAND	VERSAILLES
REGENSBURG	MONTMARTRE	SCHNEEBERG	KARAWANKEN
WILDSPITZE	ZIVILRECHT	FUDSCHISAN	GRUNDSTOFF
QUETSCHUNG	SODBRENNEN	LUFTROEHRE	SCHLAGADER
MEDIKAMENT	PENICILLIN	AMPUTATION	TEMPERATUR
KUGELBLITZ	REGENBOGEN	UNGEWITTER	WASSERHOSE
MISTKAEFER	ZITTERWELS	KREUZOTTER	INKAKAKADU
NACHTIGALL	STEINADLER	DALMATINER	ROTTWEILER
MURMELTIER	RHINOZEROS	SEGELJACHT	LA TRAVIATA
MUSSORGSKY	FRISCHLING	BUDDHISMUS	ROSENKRANZ
KARMELITER	MINOTAUROS	SALAMANDER	EIFFELTURM
KATAKOMBEN	SATTELDACH	BRUELLAFFE	TAFELRUNDE
SILHOUETTE	OELMALEREI	APHORISMUS	MASKENBALL
TROUBADOUR	LA GIOCONDA	PROMETHEUS	ZAREWITSCH
KLARINETTE	ARGONAUTEN	NIBELUNGEN	SCHAUSPIEL
EXHIBITION	GEFAENGNIS	GUILLOTINE	KIDNAPPING
ARTILLERIE	INFANTERIE	KOMMANDANT	HOCHSCHULE
BLASPHEMIE	RENDEZVOUS	MATHEMATIK	NUMISMATIK
NEUROLOGIE	MYTHOLOGIE	ARITHMETIK	WASSERBOCK
LEUCHTTURM	STEUERBORD	BRAUNKOHLE	KUNSTSEIDE
POLARFUCHS	SAUERKRAUT	KNACKWURST	WEIZENBIER
PARADEISER	PETERSILIE	WETTRENNEN	BASKETBALL
WASSERSKI	ROLLSCHUHE	BUCHMACHER	CHARLESTON

| JOURNALIST | SANITAETER | STEWARDESS | VERKAEUFER |
| FRANKREICH | FISCHADLER | BACHSTELZE | SEEJUNGFER |

Englisch

ADVENTURER	DEMOGRAPHY	PNEUMATICS	PERSIFLAGE
HOMOSEXUAL	LABORATORY	WORCAHOLIC	ZOOLOGICAL
XENOPHOBIA	WHEREABOUT	WHEELCHAIR	WEIGHTLIFT
UNDERTAKER	SOUTHERNER	SOCIALISTS	SECURITIES
RAINSTORMS	NATURALISM	MANIPULATE	FRUSTRATED

INSTRUMENT	MASTERMIND	NIGHTSHIRT	PATRIOTISM
REFRESHING	ROUNDABOUT	SKYSCRAPER	STALAGMITE
FINGERMARK	STARVATION	MOTORCYCLE	PERIODICAL
DISABILITY	ENRICHMENT	SIMULATION	STREAMLINE
SYNONYMOUS	SWEETBREAD	SURPRISING	TOUCHSTONE

CONQUERORS	FICTITIOUS	PRESIDENCY	REHEARSALS
SUCCESSIVE	TELEPATHIC	TYRRANICAL	WANDERLUST
SCHOLASTIC	EXECUTIVES	CONFISCATE	BREASTBONE
BLACKGUARD	ADMINISTER	EMBROIDERY	FUTURISTIC
INCREDIBLE	PRETENSION	SHOPKEEPER	SPLASHDOWN

Italienisch

BUONANOTTE	CONOSCENZA	PUBBLICITA	GEOGRAFICA
TECNOLOGIA	MARMELLATA	PASSAGGERO	AUTOMOBILE
CONFESSARE	ATTRAVERSO	L'ORIGINALE	VOLENTIERI
CACCIAVITE	FENOMENALE	MIGLIORARE	PROMUOVERE
UTILIZZARE	ANTIPATICO	ENTUSIASMO	SOSTITUIRE

Französisch

OBSERVATION	PRISONNIER	CONVENTION	INDUSTRIEL
ECONOMIQUE	UNIVERSITE	SILENCIEUX	BICYCLETTE
CERTIFICAT	COMPRENDRE	DETAXATION	INOCULABLE
MALADRESSE	NARCOTISER	VISITATION	TREPIDANTE
TECTONIQUE	SUBSTANTIF	ROMANTIQUE	PROJECTEUR

Spanisch

ETIMOLOGIA	CARNAVALES	CANDELARIA	REGISTRADO
MATERIALES	DEFINICION	NEOLOGISMO	TRADUCCION
HABITUALES	BIENVENIDO	MAYUSCULAS	CONSONANTE
IMPROBABLE	PRONOMBRES	BIBLIOTECA	REAL MADRID
PARTICIPIO	DOSCIENTOS	OCTOGESIMO	TRABAJADOR

Komponisten (Familienname, Teil des Vornamens)

MOZART-WOLF	PUCCINI-GIA	VERDI-GIUSS	WEBER-CARL-M
SCHUBERT-FR	MAHLER-GUST	LISZT-FRANZ	BACH-JOHANN
DEBUSSY-CLA	STRAUSS-RIC	BIZET-GEORG	LORTZING-AL
DVORAK-ANTO	MUSSORGSKI	SMETANA-FRI	BRAHMS-JOHA
BRUCKNER-AN	SCHUMANN-RO	CHOPIN-FRED	HAYDN-FRANZ

Deutsche Dichter (Familienname, Teil des Vornamens)

GOETHE-JOHA	SCHILLER-ER	KLEIST-HEIN	LESSING-GOT
HOFFMANN-ET	MOERIKE-EDU	UHLAND-LUDW	HEINE-HEINR
LENAU-NIKOL	HESSE-HERMA	FONTANE-THE	HAUPTMANN-G
WALTHER-V-D-V	STIFTER-ADA	MEYER-CONRA	ROSEGGER-PE
KELLER-GOTT	STROM- THEOD	RAABE-WILHE	RILKE-RAINE

Erfinder und Entdecker (Familienname, Teil des Vornamens)

AMUNDSEN-RO	KOLUMBUS-CH	MAGELLAN-FE	SCOTT-ROBER
STEPHENSON	RESSEL-JOSE	BELL-GRAHAM	MARCONI-GUG
DAIMLER-GOT	DIESEL-RUDO	PORSCHE-FER	WRIGHT-ORVI
JUNKERS-HUG	BEHRING-EMI	KOCH-ROBERT	CURIE-MARIE
GUTENBERG-J	SENEFELDER	DAGUERRE-LO	SIEMENS-WER

Berühmte Fussballspieler (Familienname, Teil des Vornamens)

MUELLER-GER	MARADONNA-DI	PELE-EDSON-A	PLATINI-MIC
BUTRAGUENO	BAGGIO-ROBE	BECKHAM-DAV	RUMMENIGGE
ZIDANE-ZINE	SAMMER-MATT	VOELLER-RUD	EUSEBIO-FER
JASCHIN-LEW	KRANKL-HANS	CRUYFF-JOHA	VANBASTEN-M
BEST-GEORGE	MAZZOLA-SAN	PUSKAS-FERE	WALTER-FRIT

Spielplan BOGGLE 100

										Punkte

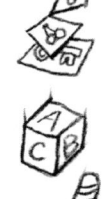

										Punkte

WÜRFELSPIELE

Diese Familie enthält nur ein einziges, sehr spannendes Würfelspiel, RAIN-BOW, für dessen Erfolg das Abschätzen von Wahrscheinlichkeiten entscheidend ist. Wie bei allen Würfelspielen sind beim eigentlichen Wurf strikte Regeln zu beachten. Die Würfel dürfen nicht „geschoben" werden, der Becher muss gut „durchgeschüttelt" sein. Ein Becherwurf gilt nur, wenn die Würfel nicht übereinander liegen. Tritt diese Situation ein, ist dies durch Hochheben des Bechers allen Mitspielern anzuzeigen. Der Wurf wird wiederholt. Ein Wurf gilt dann, wenn alle Würfel korrekt zu liegen kommen, d.h. eine Würfelfläche eindeutig ablesbar ist. Bei inkorrekter Lage auch nur eines Würfels wird der ganze Wurf wiederholt, nicht aber bereits beiseite gelegte Würfel. Beim Spiel ohne Becher müssen alle Würfel zumindest auf dem vorher festgelegten Spielfeld zu liegen kommen. Ist dies nicht der Fall, wird der gesamte Wurf wiederholt. Ausgenommen sind auch hier bereits beiseite gelegte Würfel. Der nächste Spieler am Wurf darf die Würfel erst aufnehmen, sobald eine Eintragung deutlich sichtbar erfolgt ist. Im Zweifel, welche Augenkombination auf der Würfeltasse lag, ist immer für den zuletzt aktiven Spieler zu entscheiden.

RAINBOW

Spielerzahl: 1 bis 6, Teamversion 30+
Gruppenzusammensetzung: beliebige Altersstufen
Alter: ab 12
Dauer: ab 30 Minuten
Glück/Können (insgesamt 10 Punkte) – 3:7
Entstehungszeit: 1990, diese Version 2000
Autor: nach einer Idee von Rainer Knizia, Abänderungen durch Hugo Kastner
Englischer Name: „Six Hundred"
Unterrichtsgegenstand: Mathematik
Material: 6 Würfel, davon mindestens ein Farbwürfel, Spielplan, eventuell Spiel-tasse und Würfelbecher

Würfeln mit Köpfchen

Anstelle der üblichen Kurzbetrachtung will ich Ihnen diesmal EINE KLEINE GESCHICHTE DES WÜRFELSPIELS vorstellen, um dem interessierten Lehrer einige Informationen zu dieser eher ungewohnten schulischen Aktivität zu geben.

Glücksspiel und Schicksal

„Schicksal" und „Lotterie" haben in zahlreichen Sprachen die gleiche Wurzel, da nach Überzeugung vieler Völker das individuelle und das kollektive Schicksal vom Wurf der Götterhände bestimmt wird. Nicht nur im Alten Testament, wo Saul einen Streit mit seinem Sohn durch Gottesurteil, durch Ziehen eines Loses, zu schlichten versucht, auch in Homers Ilias wird das Schicksal der Trojaner auf den sprichwörtlich goldenen Waagschalen entschieden. Bei den alten Germanen würfelten die Asen, die zwölf Hauptgötter, mit Leidenschaft um die Herrschaft über die Welt. Im Mittelalter spiegelt sich der bedingungslose Glaube an das Gottesurteil bei allen Prozessen wider. Der Mensch akzeptierte eine höhere Macht, sei es Gott oder den Zufall. Daher wird auch das Verlangen verständlich, die Zukunft, das ungewisse Schicksal, vorauszusehen, es zu verstehen, und es letztlich zu beeinflussen. Der Würfel gilt schlechthin als Sinnbild für die Entscheidung zwischen Glück und Unglück. Wie sagt das lateinische Sprichwort: Aut Caesar, aut nihil (Alles oder nichts).

Diesem dem Schicksal ergebenen Denken steht die moderne Aufklärung gegenüber, die Anfang des 20. Jh.s den genialen Physiker Albert Einstein zu seinem berühmten Bonmot veranlasst: „Gott würfelt nicht!" Einstein sagt damit dem Zufall den Kampf an und verwendet ganz bewusst den Würfel als symbolisches Bild.

Die frühen Würfel

Bis zu unseren sechsflächigen Würfeln war es aber ein weiter Weg. Cäsars berühmter Ausspruch beim Überschreiten des Rubikon – alea iacta est – wird sich wohl auf die damals üblichen Schafs- und Ziegenknöchelchen bezogen haben, und diese hatten ausnahmslos nur vier Seiten, wie zahlreiche Funde bestätigen. Zur Zeit des römischen Imperiums würfelte man gleichzeitig mit vier Knöcheln (aleae), die zahlreiche Kombinationen ermöglichten, vom berauschenden Venuswurf bis zu den vier Einsen, die den sofortigen Verlust anzeigten. Erst eine griechische Handschrift aus dem 10. Jh. erwähnt zum ersten Mal den Sechsflächer, wobei auch bereits auf die magische 7, die ja in den gegenüberliegenden Seiten eines Würfels zum Ausdruck kommt, hingewiesen wird. Dies mit allerlei mystischen Deutungen, die auch heute noch nichts von ihrer Nachhaltigkeit verloren haben. Der Prediger Bareletta machte bereits im 13. Jh. die überraschende Feststellung: „Wie der Herr die 21 Buchstaben schuf ..., so erfand der Teufel den Würfel, auf dessen Seiten er 21 Punkte anbrachte." Noch drastischer brachte König Ludwig der Heilige (1236-1270) seine Antipathie zum Ausdruck. Er verbot kurzerhand die Herstellung von Würfeln und glaubte damit das Würfelspiel unterbinden zu können. Am Ende des Mittelalters wurden in Nürnberg, der späteren Spielestadt, unter dem heiligen Kapistran sogar 40 000 Würfel auf dem Scheiterhaufen verbrannt.

Wer darin eine Bestätigung für seine persönliche Skepsis erblickt, darf nicht vergessen, dass bei ebendiesem Anlass auch 3640 Schachbretter den Flammen zum Opfer fielen. Auch das heute als intellektuell geltende Schachspiel wurde also als Teufelszeug verurteilt. Als ein wesentlicher Grund galten die ständigen Querelen und die damit zusammenhängenden Gotteslästerungen. Drakonische Strafen, wie an den Pranger stellen, halfen aber ebenso wenig wie generelle Verbote, die in Mailand sogar bis zur Verbannung reichten. Ein weiterer Grund ist in den zahlreichen Betrügereien zu sehen, die so manchem Glücksritter buchstäblich seine letzte Jacke und Hose kosteten. Eine spanische Illustration aus dem 13. Jh. bringt die Gefahr klar auf den Punkt. Im Hintergrund einer Spelunke lauert der Satan. Es gibt drei Tore: das der

Hoffnung, durch das die Gäste eintreten, das Tor der Ehrlosigkeit und das Tor des Todes, durch die sie wieder fortgehen. Seit dem frühen 16. Jh. wechselten bisweilen ganze Vermögen ihren Besitzer. König Heinrich IV. soll an einem Abend 600 000 Franken verloren haben, für damalige Zeit ein Milliardenvermögen. Erasmus von Rotterdam, der berühmte Gelehrte, stellte sich daher die Frage, ob Würfelspieler nicht eher gefährlichen Irren ähnelten als einfachen Narren.

Sie sehen, die Geschichte des Würfelspiels ist voll von Warnungen. Dennoch konnte die Leidenschaft der Spieler zu keiner Zeit wirklich gebändigt werden.

Einfache Würfelspiele

Die Chronik berichtet von einem sagenhaften Würfelspiel zwischen den Königen von Schweden und Norwegen um den Besitz der Provinz Hisling. Es wurden einfach zwei Würfel verwendet und die Augenzahl addiert. Nach mehreren Versuchen, bei denen jeweils nur die Sechs fiel, zerbrach beim norwegischen König ein Würfel und zeigte daher auch die andere Hälfte, eine Eins. Daher lagen insgesamt sechs plus sieben Augen auf dem Lehmboden. Hisling wurde Norwegen zugesprochen. Diese Art des Würfelspiels darf als die einfachste angesehen werden, auch wenn die Einsätze bisweilen ganze Königreiche umfassen können.

In den Geschichtsbüchern des Chronisten John von Salisbury (ca. 1120-1180) wird bereits über Würfelspiele berichtet, bei denen zehn verschiedene Kombinationen geworfen werden müssen. Man vermutet, dass aus diesen Spielen auch die Wahrscheinlichkeitsrechnung hervorgegangen ist. Im 17. Jh. konnten Blaise Pascal und Pierre de Fermat am anschaulichen Beispiel der Würfelergebnisse das Rätsel der Wahrscheinlichkeit mathematisch präzise lösen und damit die Grundlage für viele Glücksspiele, allen voran Roulette, legen.

Wohl am bekanntesten unter den vielfältigen Würfelspielen wurde das englische Craps, das auch heute noch als Casinospiel unglaubliche Faszination ausübt. Der Bankhalter lenkt das Spiel, die restlichen Teilnehmer wetten auf ein bestimmtes Ereignis. Dabei wird in der Originalversion in zwei Stufen gewürfelt, zunächst auf eine Punktezahl zwischen 5 und 9 (main points), danach auf eine Zahl zwischen 4 und 10 (chance points). Später kamen zahlreiche weitere Kombinationsmöglichkeiten hinzu, die noch dazu verschiedenste Wahrscheinlichkeiten haben. Craps hat auch in Gershwins bekannter Oper „Porgy and Bess" seinen kurzen Auftritt.

Würfel und Spiel

Indien, Persien und Ägypten sind die Länder, in denen eine Verschmelzung der Würfel mit dem Brettspiel am frühesten nachweisbar ist. Besonders erwähnenswert ist der bereits bei Ovid angesprochene Vorläufer des heute überaus populären Backgammon. Räuberspiel auf dem Brett war die für den großen Dichter eher fantasielose Bezeichnung für dieses im Mittelalter im deutschen Raum unter Wurfzabel, Puff und Trick-Track bekannten Zweipersonenspiels. Kaiser Nero soll beim Räuberspiel in einer legendären Partie sogar 400 000 Sesterzen verloren haben. Noch war auch das Brettspiel vom Element des Risikos und des Hasards tief durchsetzt.

Die große Zeit der Kombination „Würfel & Spiel" kam aber erst im 20. Jh. Und doch ist auch in dieser kurzen Zeitspanne die Zahl der Spiele, in denen die Würfel eine entscheidende Rolle spielen, Legion. Es kann ohne Übertreibung behauptet werden, dass neben dem Kegel (Pöppel) der Würfel das dominierende Spielelement des Brettspiels wurde, ob nun das etwas antiquiert wirkende Laufspiel Mensch ärgere dich nicht!, das klassische Wirtschaftsspiel Monopoly, das findige Detektivspiel Heimlich & Co. oder der Renner der 90er-Jahre, Die Siedler von Catan, angesprochen werden.

Alle diese Brettspiele haben eines gemeinsam. Das schon angesprochene Hasardelement des Würfelns wurde immer mehr zurückgedrängt. Der Sechsflächer dient heute hauptsächlich als unbestechlicher Zufallsgenerator, wird in jeder Familie sehr willkommen geheißen und ist fast zu einem Symbol einer immer stärker freizeitorientierten Gesellschaft geworden. Spielen gilt als salonfähig, egal in welcher Altersstufe!

Es soll bei diesem kurzen historischen Abriss nicht vergessen werden, dass auch der Würfel eine enorme Vielfalt in seinem Äußeren erfahren hat. Neben dem traditionellen 6-Augen-Würfel sind Würfel mit 8 Augen, mit 12 Augen, ja sogar mit 20 Augen im Handel erhältlich. Die Pokerwürfel zeigen mit 9, 10, Bube, Dame, König und Ass die höchsten Spielkartenwerte. Farbwürfel, Symbolwürfel, Würfel mit einer Jokerfläche (Stern), runde Würfel, eckige Casinowürfel, Würfel mit unüblichen Zahlenkombinationen, tetraedergeformte Würfel, Buchstabenwürfel, was immer denkbar ist, wurde hergestellt. Ob damit auch entsprechend vielseitige neue Spielelemente geschaffen wurden, bleibt dem interessierten Hobbyspieler zur Beurteilung überlassen.

Freuen Sie sich jedenfalls auf das vorliegende Spiel RAINBOW, das neben sechs normalen Würfeln nur das Element der Farbe ins Spiel einbezieht. Aber vielleicht liegt gerade in der Schlichtheit der Reiz.

Spielziel

Jeder Spieler hat insgesamt 18 Würfe, die er in ebenso viele Kategorien aus vier Hauptthemen einträgt. Die Kategorien werden einzeln gewertet. Wer am Ende die höchste Punktezahl hat, ist Gewinner des Spiels.

Spielvorbereitung und Spielverlauf

Reihum macht jeder Spieler einen „Wurf", der sich aus bis zu drei Teilwürfen zusammensetzt. Das Wurfergebnis wird von einem der Spieler in eine beliebige offene Kategorie des Rainbow-Spielblocks eingetragen. Sobald in einer Kategorie alle Spieler eine Eintragung vorgenommen haben, wird der Punktewert berechnet und auf dem Block festgehalten.

BOX: Für eine Eintragung stehen jedem Spieler pro Wurf maximal drei Versuche zu, wobei es ihm überlassen bleibt, günstig erscheinende Augen beiseite zu legen (in die Box), oder die Würfel wieder aufzunehmen. Sollte nach dem zweiten Teilwurf eine Änderung der Spielsituation die Rücknahme dieser beiseite gelegten Würfel erfordern, ist dies bei RAINBOW, im Gegensatz zu vielen anderen Würfelspielen, absolut zulässig. Es ist auch möglich, die Box nur zum Teil zu entleeren.

SERVIERUNG: Erfolgt eine Eintragung unmittelbar nach Wurf aller sechs Würfel, so gilt diese als serviert. Sowohl der erste als auch der zweite oder der dritte Wurf können serviert werden. Daraus entsteht folgender Vorteil: ein servierter Wurf ist bei gleicher Höhe bei der Wertung über einen normalen Wurf zu stellen.

RAINBOW-WÜRFEL: Der farbige Rainbow-Würfel muss bei jeder Eintragung in der Hauptkategorie „Augen" Teil der erwürfelten Kombination sein. Sonst ist der Wurf nicht gültig.

TEAMSPIEL: Im Teamspiel (2 gegen 2 oder 3 gegen 3) wird abwechselnd von Spielern verschiedener Mannschaften gewürfelt. Der aktive Spieler entscheidet über die Anlage des Wurfs. Eine Beratung ist aber nicht nur erlaubt, sondern wird sogar ausdrücklich empfohlen. Bei der Punktewertung werden die einzelnen Teilergebnisse zusammengezählt.

TURNIERSPIEL: Im Klassenverband wird am besten in Zweierteams gespielt, und zwar im vom Schach her bekannten Schweizer System. Dabei werden in Runde 1 die Paarungen gelost, in Runde 2 zwei spielen Sieger gegen Sieger und Verlierer gegen Verlierer. Ab Runde 3 werden die Teams entsprechend der Zahl ihrer Siege gegeneinander gelost. Gespielt wird auf eine ungerade Zahl von Runden, entsprechend der verfügbaren Zeit.

Hauptthemen/Kategorien

Der Spielblock umfasst vier Hauptthemen: Augen, Blöcke, Ränge und Bilder. Jedes Thema ist in Kategorien unterteilt. Die Wertung der Kategorien ist spielentscheidend.

Thema AUGEN	Kategorie
	1er-Augen
	2er-Augen
	3er-Augen
	4er-Augen
	5er-Augen
	6er-Augen
Augenspiele	Sie können jede Kombination, die zumindest ein Auge zeigt und den farbigen Rainbow-Würfel enthält, in eine der Kategorien eintragen, unabhängig von den übrigen Feldern dieses Themas. Eingetragen wird die Zahl der Augen, die in der jeweiligen Kategorie gewürfelt wurde, d. h. bei viermal den 6er-Augen steht eine „4" im Spielblock.

Thema BLÖCKE	Kategorie
	Quart
	Quint
	Odd
	Even
Quart / Quint	Die Kategorien Quart (vier Würfel mit gleicher Augenzahl) und Quint (fünf Würfel mit gleicher Augenzahl) werden mit einem Gesamtaugenwert eingetragen, d.h. es werden noch die beiden oder der eine Restwürfel dazugezählt.
Odd / Even	Odd (ungerade Augenzahlen) und Even (gerade Augenzahlen) werden auch mit Gesamtaugenwerten gezählt,

d. h. es müssen für die Eintragung die Augen aller sechs Würfel addiert werden. Falls bei den sechs Würfeln für Odd auch nur eine gerade Zahl dabei ist, oder für Even eine ungerade Zahl, ist eine Eintragung nicht möglich.

Thema RÄNGE	Kategorie
	1. Rang
	2. Rang
	3. Rang
	4. Rang

Rang 1–4 Diese Kategorien verlangen, dass jede Eintragung die vorhergehende um einen „Rang" übertrifft, egal ob sie serviert oder normal erzielt wurde. Ein servierter Wurf zählt zwar für die Punktewertung mehr als eine Normaleintragung, entspricht aber im Rang genau dem nicht servierten Augenwert.

Thema BILDER	Kategorie
	Straight
	Double
	Triple
	Rainbow

Straight Die Kategorie Straight (fünf oder sechs verschiedene Augen) bringt entweder 21 Punkte (Folge 6 bis 1), zwanzig Punkte (6 bis 2) oder fünfzehn Punkte (5 bis 1). Andere Kombinationen sind nicht möglich.

Double Bei den Doubles sind Augenpaare zu würfeln, wobei vier gleiche Augen als zwei Paare gezählt werden können. (d. h. vier 4er und zwei 3er sind drei Doubles). Der Punktewert ergibt sich aus der Addition aller Augen.

Triple Die Triples (zweimal drei gleiche Augen) werden genau nach dem gleichen Schema gewertet, d. h. die Augen werden einfach zusammen gezählt.

Rainbow   Der schwierigste Wurf ist der Rainbow (alle sechs Würfel zeigen die gleichen Augen), der schönste Wurf, so dieses Kriterium überhaupt gilt, der Royal Rainbow serviert (6-mal die 6 serviert). Er hat noch bei jedem seltenen Erscheinen zu Ahs und Ohs bei allen Beteiligten geführt. Die Wahrscheinlichkeit, dass Sie diesen Wurf erleben, ist aber nicht gerade überwältigend groß, es sei denn, Sie spielen Tag und Nacht RAINBOW.

Punktebewertung

Unmittelbar nachdem der letzte Spieler in eine Kategorie einträgt oder diese „ritzt", das heißt eine Leereintragung macht, wird die Kategorie geschlossen und gemäß einer ausgeklügelten Punktewertung abgerechnet. Grundsätzlich erhält der beste Spieler pro Kategorie genau so viele Punkte, wie Mitspieler vorhanden sind, d.h. bei zwei Spielern 2 Punkte, bei drei Spielern 3 Punkte, usw. Bei sechs Spielern sind daher maximal 6 Punkte pro Kategorie zu erzielen. Die weitere Wertung jeder Kategorie folgt genau nach dem gleichen Prinzip, pro schwächerem Rang ein Punkt weniger. Für eine Streichung („Ritzen") werden überhaupt keine Punkte gegeben.

Bei Gleichstand in einer Kategorie werden den Spielern die Punkte des nächstniedrigeren Rangs angeschrieben, d.h. bei zwei Spielern bekommt jeder 1 Punkt, bei drei Spielern würden die gleichwertig besten Würfe je 2 Punkte einbringen, die gleichwertig zweitbesten Würfe je 1 Punkt. Analog wird bei vier, fünf und sechs Spielern gewertet.

Die maximale Punktezahl pro Kategorie entspricht der Spielerzahl. So bringt bei zwei Spielern jede Kategorie dem Topspieler 2 Punkte ein, bei drei Spielern 3 Punkte, bei vier Spielern 4 Punkte usw. Da insgesamt 18 Würfe gemacht werden, sind aus den Würfen maximal 36, 54, 72, 90 und 108 Punkte möglich.

Sollten zwei Spieler den gleichen Endpunktestand aufweisen, wird derjenige höher gereiht, der die Kategorie Rainbow für sich entschieden hat. Ist auch hier Gleichstand, entscheidet die Kategorie Triple. Danach die Kategorien Double, Straight, 4. Rang, 3. Rang. usw. Der Spielblock wird also quasi von unten aufgerollt.

Beispiele für die Wertung:

Punktewertung bei zwei Spielern (allgemein):
Höhere Eintragung: 2 Punkte
Schwächere Eintragung: 1 Punkt
Gleichstand: je 1 Punkt
Ritzen: 0 Punkte

Punktewertung bei drei Spielern: S = serviert

	A	B	C	A	B	C
1er-Augen	3	3	4	1	1	3
2er-Augen	5	5	4	2	2	1
3er-Augen	1	x	3	2	0	3
4er-Augen	4 S	4	4	3	1	1
5er-Augen	5	5 S	5	1	3	1
6er-Augen	3	3 S	4	1	2	3
				10	9	12

Bemerkungen

RAINBOW funktioniert nach denkbar einfachen Prinzipien. Jeder Wurf ist offen, jede Entscheidung für alle Teilnehmer sofort nachvollziehbar. Dennoch bleibt bei allem Glück, ohne das kein Würfelspiel wirklich auskommt, dem Spieler eine große Freiheit der Wurfgestaltung. Wer sich in einem Solitärspiel versucht, wird sofort merken, dass es zwar einfach ist, einen gültigen Wurf zu machen, nicht aber, einen optimalen. Die Wertung ist bei Rainbow stark von den Würfen der Mitspieler und ihrem Geschick, die richtigen Entscheidungen zu fällen, abhängig. Die bestechende Idee dieses Würfelspiels ist es nämlich, statt eines „idealen" Punktewerts pro Kategorie taktische Eintragungen zu forcieren. So kann manchmal mit einem mäßigen Wurf maximale Wirkung erzielt werden, andererseits wird oft auch ein Spitzenwurf zu nicht mehr als einem Pünktchen in der Gesamtabrechnung führen. Mit ein wenig strategischem und taktischem Geschick lassen sich ungleich bessere Ergebnisse erreichen, besonders dann, wenn Sie auch ein Gefühl für Wahrscheinlichkeiten haben. Eine kleine Hilfe ist den taktischen Hinweisen angeschlossen. Versuchen auch Sie, Ihr Glück mit den Rainbow-Würfeln zu beeinflussen.

Taktische Hinweise

- Rainbow gliedert sich in eine Eröffnungsphase (die ersten sechs Würfe), in ein Mittelspiel (die folgenden sechs Würfe) und in eine Endphase (die letzten sechs Würfe). Der Druck – auf Grund der mathematisch berechenbaren Wahrscheinlichkeiten – wird von Phase zu Phase größer.
- Zweitens ist die Teilnehmerzahl sehr entscheidend dafür, welche Strategie anzustreben ist. Bei vier Spielern ist eine frühe Eintragung in einer Kategorie ein größeres Risiko als bei zwei Spielern.
- Und drittens ist immer zu bedenken, dass nicht jede Kategorie gewonnen werden muss, um in der Endwertung den 1. Platz einzunehmen.
- Vergessen Sie nicht, dass bei den Augenspielen der Rainbow-Würfel dabei sein muss. In der Endphase kann es leicht vorkommen, dass er bei allen drei Versuchen die falsche Augenzahl zeigt.
- Die Würfel haben absolut kein Gedächtnis! Auch wenn gerade eine Serie von 6er-Augen gefallen ist, bleibt die Wahrscheinlichkeit, diese Serie fortzusetzen, gleich hoch wie die Wahrscheinlichkeit, etwa 3er- oder 4er-Augen zu werfen.

Wahrscheinlichkeit und Chance

Für den praktischen Einsatz im Unterricht soll bei diesem Spiel ausnahmsweise eine kleine Betrachtung der Wahrscheinlichkeiten als Ergänzung dienen. Denn es ist bei RAINBOW doch von Vorteil, einige mathematische Grundprinzipien zu verstehen, um die Chancen auf einen Gewinn zu erhöhen. Und dies ist viel einfacher, als man zunächst glaubt.

1 WÜRFEL: Ähnlich wie bei der Theorie des Münzwurfs, kann auch die Wahrscheinlichkeit, dass eine bestimmte Würfelseite fällt, mathematisch präzise ausgedrückt werden. Voraussetzung ist, dass der Würfel völlig symmetrisch und ausgewogen proportioniert ist und dass er nicht auf einer der Ecken zu „stehen" kommt. Da jede Seite von 1 bis 6 durchnummeriert werden kann, ist die Wahrscheinlichkeit für ein bestimmtes Wurfereignis 1 zu 6, d. h. genau 16,67 % (100 % dividiert durch 6).

Aus dieser kurzen Betrachtung folgt, dass alle sechs Resultate mit genau gleicher Wahrscheinlichkeit zutreffen, dass jeweils eines dieser Resultate beim Wurf produziert wird und dass alle Wahrscheinlichkeiten zusammen sich auf 1 addieren (1/6 + 1/6 + 1/6 + 1/6 + 1/6 + 1/6).

Was ist nun die Wahrscheinlichkeit, eine gerade Zahl zu würfeln? Da sowohl die 2, die 4 als auch die 6 gerade Zahlen sind, sind drei aus sechs möglichen

Resultaten günstig. Die Wahrscheinlichkeit für eine gerade Zahl ist daher 3/6 oder 1/2. Anders ausgedrückt: Die Chance auf eine gerade Zahl ist genau 50%.

Um nun die Wahrscheinlichkeit eines beliebigen Ereignisses auszudrücken, wird einfach die Anzahl der günstigen Fälle durch die Anzahl der möglichen Fälle dividiert. Daraus ergibt sich auch folgende zwingende Schlussfolgerung. Die Wahrscheinlichkeit, dass ein bestimmtes Ereignis nicht eintrifft (z.B. der Wurf einer 6), ist genau 1 minus die Wahrscheinlichkeit für dieses Ereignis. Beispiel: Wurf einer 6 = 1/6; Wurf einer beliebigen anderen Zahl: 1 − 1/6 = 5/6.

Allgemein ausgedrückt: Für ein unmögliches Ereignis ist die mathematische Wahrscheinlichkeit gleich Null (0), für ein absolut sicheres Ereignis ist sie gleich 1. Alle Wahrscheinlichkeiten für Einzelereignisse liegen innerhalb dieser beiden Werte.

2 WÜRFEL: Nehmen wir zunächst an, der eine Würfel ist rot, der andere blau. Wollen wir nun die Chance auf ein bestimmtes Ereignis berechnen, z.B. 5–6 (d. h. der rote Würfel zeigt eine 5, der blaue eine 6), so dürfen wir darüber nicht vergessen, dass es ein spiegelbildliches Ereignis gibt, 6–5 (d. h. Rot 6, Blau 5), das aber nicht wirklich identisch mit dem 5–6 Wurf ist. Insgesamt kann jedes Wurfergebnis des roten Würfels mit jedem der sechs Ergebnisse des blauen Würfels kombiniert werden, es gibt also 36 mögliche Kombinationen. Die Wahrscheinlichkeit für einen ganz bestimmten Wurf, z. B. obiges 5(Rot)–6(Blau), beträgt daher 1/36. Alle möglichen Wurfergebnisse ergeben zusammengenommen die Wahrscheinlichkeit 1.

Die Summe beider Würfel, bei RAINBOW für das Hauptthema „Ränge" interessant, liegt zwischen 2 und 12. Wie hoch ist nun die Chance, ein Resultat 2 mit beiden Würfeln zu erhalten? Da dies nur mit einem 1–1 Wurf möglich ist, also mit einem aus 36 Ereignissen, ist die Wahrscheinlichkeit genau 1/36, d.h. 2,78 %. Verhält es sich genau so mit dem Wurfresultat 7? Nein, natürlich nicht, da 1–6, 2–5, 3–4, 4–3, 5–2 und 6–1 die günstigen Ereignisse darstellen. Die Wahrscheinlichkeit beläuft sich daher auf 6/36, oder 16,67%. Übrigens ist dies die gleiche Chance, die Sie haben, ein Double zu produzieren (6–6, 5–5, etc.). Wie hoch ist nun die Chance, zumindest eine 6 beim Wurf mit zwei Würfeln zu erhalten? Genau elf Ereignisse sind günstig, daher ist die Wahrscheinlichkeit 11/36. Ist dies korrekt? Der erste Würfel kann ja 6–1, 6–2, 6–3, 6–4, 6–5 und 6–6 zeigen, ebenso der zweite, also sind zwölf Ereignisse günstig. Mitnichten, die 6-6 darf leider nicht doppelt gezählt werden, die Erhöhung der Chance auf 12/36 wäre reines Wunschdenken.

3 WÜRFEL: Da nun bereits jede mögliche Augenzahl des roten Würfels mit jeder möglichen Augenzahl des blauen Würfels und auch solcher eines dritten, sagen wir grünen Würfels, kombiniert werden kann, ergeben sich bereits 216 unterschiedliche Wurfereignisse (6 mal 6 mal 6). Um etwa eine Summe von 17 zu werfen, müssen die Würfe 6–6–5, 6–5–6 und 5–6–6 in Betracht gezogen werden, 3 günstige Ereignisse aus 216 möglichen, d. h. 3/216 oder 1,39%.

Wie sieht es nun mit einem Triple aus? 1–1–1, 2–2–2, 3–3–3–, 4–4–4, 5–5–5 und 6–6–6 sind günstige Würfe, daher ergibt sich der Bruch 6/216 oder 2,78 %. Die Chance auf ein Triple serviert bei drei Würfeln ist also genau so hoch, wie mit zwei Würfeln einen 6er-Pasch zu erzielen.

Für Ihre praktischen Rainbow-Matches eine weitere kurze Frage. Wie groß ist die Chance, bei drei Würfeln genau zweimal die 6 zu werfen? Nun, wer sich das Rechnen ersparen möchte, 15 Ereignisse sind günstig, daher 15/216 oder 6,9%. Und wie wahrscheinlich werfen Sie wenigstens eine 6? Nun, entweder die Würfel produzieren keine (125 Fälle), eine (75 Fälle), zwei (15 Fälle) oder dreimal die 6 (1 Fall). Die Wahrscheinlichkeit für mindestens eine 6 beträgt daher 91/216 (42,1%). Das sieht schon halbwegs freundlich aus.

6 WÜRFEL: Sie werden jetzt vielleicht schon gespannt daran arbeiten, die Wahrscheinlichkeit für einen Royal Rainbow serviert (6-mal die 6 serviert), den höchsten möglichen Wurf, auszurechnen. Für diejenigen, die sich die Mühe ersparen wollen, eine kurze Überlegung. Nur ein Ereignis in 6 mal 6 mal 6 mal 6 mal 6 mal 6 führt zum gewünschten Resultat, daher ist die Wahrscheinlichkeit 1/46656, somit verschwindende 0,002 %. Sie müssen also fast fünfzigtausend Würfe tun, um statistisch einen Royal Rainbow serviert zu produzieren. Einen beliebigen Rainbow zu servieren, lässt bereits sechs Ereignisse zu (Chance: 0,012 %). Einen Rainbow mit Hilfe der Box zu werfen ist dagegen würfeltechnisch fast ein „Kinderspiel“. Die Detailberechnung der Wahrscheinlichkeit dafür ist infolge einer größeren Zahl zu unterscheidender Fälle etwas komplex und sei den hoffentlich begeisterten Rainbow-Spielern als kleine Herausforderung überlassen.

Generell ist der Mensch kaum in der Lage, Wahrscheinlichkeiten wirklich gefühlsmäßig korrekt abzuschätzen. Umso wichtiger ist es, unsere kleine Theorie der Wahrscheinlichkeiten zu verstehen. Sie erhöhen damit Ihre Gewinnchancen ganz beträchtlich.

Dennoch: Rainbow ist ein Spiel und keine mathematisch-statistische Herausforderung.

Spielplan RAINBOW

	Kategorie	Spieler						Punkte					
Augen	1er-Augen												
	2er-Augen												
	3er-Augen												
	4er-Augen												
	5er-Augen												
	6er-Augen												
Blöcke	Quart												
	Quint												
	Odd												
	Even												
Ränge	1. Rang												
	2. Rang												
	3. Rang												
	4. Rang												
Bilder	Straight												
	Double												
	Triple												
	Rainbow												

Lösungen

Schlüssel zu DER GEHEIMNISVOLLE WEG:

1. Wie du das Leben siehst.
2. Deine Haltung zu kleinen Problemen des Lebens.
3. Deine Haltung zu großen Problemen des Lebens.
4. Deine Beziehung zum anderen Geschlecht.
5. Deine politische Denkrichtung.
6. Wie du über den Tod denkst.
7. Wie du über das Leben nach dem Tod denkst.

DIE HÄNGEBRÜCKE

Crossover 1:	1 + 2	⟶	2 min
Crossover 2:	1	⟵	1 min
Crossover 3:	5 + 10	⟶	10 min
Crossover 4:	2	⟵	2 min
Crossover 5:	1 + 2	⟶	2 min
			17 min

AMOR – ROMA

Spiel 1: KROATIEN – GROSSBRITANNIEN – PORTUGAL – JUGOSLAWIEN
Spiel 2: SPANIEN – RUMÄNIEN – MALTA – BELGIEN
Spiel 3: NIEDERLANDE – POLEN – SLOWENIEN – LITAUEN
Spiel 4: UNGARN – TSCHECHIEN – TÜRKEI – SAN MARINO

WER BIN ICH?

Test 1: Jesus Christus
Test 2: Abraham Lincoln
Test 3: Indianer & Eskimo
Test 4: Frau & Schwiegermutter

LEXIKOGRAF

Beispiel 1: Verwachsung von Regenbogenhaut und Augenlinse
Beispiel 2: Verehrung der heiligen Maria
Beispiel 3: Sprunghaft, unbeständig

Literatur

Böseke, Harry: Spiele mit Worten. Rowohlt Taschenbuch, Reinbek 1992
Bücken, Hajo / Hanneforth, Dirk: Klassische Spiele ganz neu. Rowohlt Taschenbuch,
    Reinbek 1990

Crystal, David (Hrsg.): The Cambridge Factfinder. Cambridge University Press 2000

Duden Fremdwörterbuch. Duden Verlag, Leipzig 1990

Endrei, Walter: Spiele und Unterhaltung im alten Europa. Dausien, Hanau 1988
Ernst, Bruno: The Magic Mirror of M.C. Escher. Tarquin Publications, Stradbroke 1985

Frank / Rinvolueri / Berer: Challenge to Think. OUP 1992
Fritz, Jürgen: Theorie und Pädagogik des Spiels. Juventa, Weinheim 1990

Gardner, Martin: Mathematical Circus. Penguin Books, London 1990
Gardner, Martin: Knotted Doughnuts. Freeman, New York 1986
Gardner, Martin: Mathematischer Karneval. Ullstein, Frankfurt am Main 1993
Gardner, Martin: The Last Recreations. Copernicus, New York 1997
Gardner, Martin: Time Travel and Other Mathematical Bewilderment. Freeman, New
    York 1988
Gardner, Martin: The Unexpected Hanging and other Mathematical Diversions.
    University of Chicago Press, Chicago/London 1991
Glonnegger, Erwin: Das Spiele-Buch. Otto Maier, Ravensburg 1988
Glonnegger, Erwin: Das Spiele-Buch. Drei Magier, Uehlfeld 1999
Glonnegger, Erwin: Geschichte der Spiele. Otto Maier, Ravensburg 1984
Gööck, Roland: Das große Buch der Spiele. Bertelsmann, Gütersloh 1967
Goren´s, Hoyle: Encyclopedia of Games. Chancellor Hall, New York 1961
Gorys Erhard: Das Buch der Spiele. Dausien, Hanau 1988
Gottwald, Bernd/Speichert, Horst (Hrsg.): Die ausgezeichneten Spiele. Rowohlt
    Taschenbuch, Reinbek 1991
Guinness World Records 2001. Bantam Books, New York 2000

Hanneforth, Dirk/Mutschke, Andreas: Ärger-Spiele. Rowohlt Taschenbuch, Reinbek
    1991
Hölzel, Eduard (Hrsg.): Österreichischer Unterstufen-Atlas. Hölzel, Wien 1994

Kastner, Hugo/Kador-Folkvord, Gerald: Atlasrätsel. Aulis, Köln 2000
Kastner, Hugo/Kador-Folkvord, Gerald: 88 neue Atlasrätsel. Aulis, Köln 2000
Knizia, Reiner: Dice Games properly explained. Right Way, Tadworth 1999
Krämer, Walter/Schmidt, Michael: Das Buch der Listen. Eichborn, Frankfurt am Main
    1997

Levy, Emanuel: Oscar Fever. Continuum, New York/London 2001
Loyd, Sam/Gardner, Martin: Mathematische Rätsel und Spiele. Dumont, Köln 1978

Mala, Matthias: Block- und Bleistift-Spiele. Hugendubel, München 1986

Morehead, Albert/Mott-Smith, Geoffrey: Hoyle's Rules of Games. Penguin Books,
    New York 1983
Morgan John/Rinvolueri, Mario: The Q Book. Longman, London 1988

Neuer Kozenn Atlas. Hölzel, Wien 1997

Parlett, David: The Guinness Book of Word Games. Guinness Publishing Ltd., London
    1995
Parlett, David: The Oxford History of Board Games. OUP, Oxford 1999

Sackson, Sid: A Gamut of Games. Random House Inc, New York 1967
Sackson, Sid: Spiele anders als andere. Hugendubel, München 1981
Schwinghammer, Herbert: Spiele mit Bleistift und Papier. Weltbild, Augsburg 1999
Silverman, David: 100 unterhaltsame Denkspiele. Orbis, München 1993
Spitzing, Karin: Das weltbekannte Kreuzwortspiel „Scrabble". Falken, Niedern-
    hausen/Ts. 1991
Stein, Werner: Der große Kulturfahrplan. Herbig Verlagsbuchhandlung, München/
    Berlin 1993

Taylor, Gordon (Hrsg.): Vom Faustkeil zum Laserstrahl. Verlag Das Beste, Stuttgart
    1991

Van Delft, Peter/Botermans, Jack: Denkspiele der Welt. Heyne, München 1979

Wallechinsky, David/Wallace, Irving / Wallace Amy: The Book of Lists. Bantam Book,
    New York 1978
Wallechinsky, David/Wallace, Irving/Wallace Amy: The Book of Lists Nr. 3. Bantam
    Book, New York 1978
Werneck, Tom: Leitfaden für Spieleerfinder. Otto Maier, Ravensburg 1987

Fachzeitschriften

Fachdienst Spiel. Hrsg: Deutsches Spiele-Archiv, Marburg/Lahn.
Pöppel-Revue. Hrsg: Friedhelm Merz Verlag, Bonn.
Spielbox. Huss-Verlag, München.
Spielwiese. Hrsg: Arno Miller, Bregenz.
Win/Alles gespielt. Hrsg: Spiele Kreis Wien, Wien.

Register

UNTERRICHTSGEGENSTÄNDE

Hier können Sie auf einen Blick entnehmen, für welche Gegenstände sich die einzelnen Spiele bestens eignen. Bei fächerübergreifender Unterrichtsgestaltung sind praktisch alle Spiele dieses Buches jederzeit ohne Vorbereitung einsetzbar.

ALTERSSTUFEN

Bitte entnehmen Sie die optimale Altersstufe für die einzelnen Spiele entsprechend den in diesem Buch angebotenen Fragenkatalogen, Themenlisten und Grundwortkatalogen. Bei entsprechender inhaltlicher Adaption sind fast alle Spiele für jede beliebige Altersstufe geeignet.

SPIELDAUER

In diesem Register finden Sie die minimale Spieldauer für alle in diesem Buch präsentierten Spiele. Eine zeitliche Obergrenze hängt vom Interesse Ihrer Schülerinnen und Schüler sowie dem verfügbaren Unterrichtsrahmen ab.

SPIELE	UNTERRICHTS-GEGENSTÄNDE	ALTERSSTUFEN	SPIELDAUER IN MINUTEN
BEWERTUNGSSPIELE			
Top 10	Alle Fächer	ab 10	ab 10
Galerie	Kunstfächer	ab 10	ab 10
DENKSPIELE			
Delphi	Naturwissenschaftliche Fächer	ab 10	ab 20
Sprouts	Naturwissenschaftliche Fächer	ab 10	ab 10
MERKSPIELE			
Screening	Alle Fächer	ab 10	ab 10
PSYCHOLOGISCHE SPIELE			
Der geheimnisvolle Weg	Sprachen (Deutsch, Englisch), Psychologie	ab 14	ca. 50
Lügenteufel	Sprachen (Deutsch, Englisch), Psychologie	ab 14	ab 10
Psycho	Sprachen (Deutsch, Englisch), Psychologie	ab 14	ab 20

SPIELE	UNTERRICHTS-GEGENSTÄNDE	ALTERSSTUFEN	SPIELDAUER IN MINUTEN
QUIZSPIELE			
Outburst	Alle Fächer	ab 10*	ab 30
Stadt-Land-Fluss	Alle Fächer	ab 10*	ab 10
Facts in Five	Alle Fächer	ab 10*	ab 15
Listenzauber	Alle Fächer	ab 10*	ab 5
Zeitnischen	Geschichte (Zeitgeschichte, Kulturgeschichte, ...)	ab 14**	ab 10
Quiz 15	Alle Fächer	ab 10	ab 10
Dalli, Dalli	Alle Fächer	ab 10	ab 10
RATESPIELE			
Guinness	Alle Fächer	ab 10	ab 20
„I am ...“-Game	Sprachen (alle)	ab 8	ab 1
Schiffe versenken	Alle Fächer	ab 8	ca. 20
Pantomime	Alle Fächer	ab 10	ca. 20/ Kurzvariante ab 5
RÄTSELSPIELE			
Die Hängebrücke	Naturwissenschaftliche Fächer	ab 12***	ab 8
Amor – Roma	Geografie	ab 10***	ab 2
Wer bin ich?	Alle Fächer	ab 10***	ab 2
WORTSPIELE („WÖRTERZAUBER")			
Codebreaker	Sprachen (Deutsch, Englisch)	ab 8	ab 30
Hangman	Sprachen (alle)	ab 8	ab 5
Labyrinth	Sprachen (alle)	ab 12	ab 10
Wordsquares	Sprachen (alle)	ab 10	ab 10
Lexikograf	Deutsch	ab 16	ab 25
Boggle 100	Sprachen (alle)	ab 12	ab 10
WÜRFELSPIELE			
Rainbow	Mathematik	ab 12	ab 30

*(Schwierigkeitsgrad beachten)
**(ausgezeichnet für Erwachsene)
***(nur einmal pro Klasse präsentieren)